Olesya Yaremchuk

Unsere Anderen

Geschichten ukrainischer Vielfalt

Aus dem Ukrainischen übersetzt von Christian Weise

UKRAINIAN VOICES

Collected by Andreas Umland

14 *Svitlana Biedarieva (ed.)*
Contemporary Ukrainian and Baltic Art
Political and Social Perspectives, 1991–2021
ISBN 978-3-8382-1526-6

15 *Olesya Khromeychuk*
A Loss: The Story of a Dead Soldier Told by His Sister
With a foreword by Andrey Kurkov
ISBN 978-3-8382-1570-9

16 *Marieluise Beck (Hg.)*
Ukraine verstehen
Auf den Spuren von Terror und Gewalt
Mit einem Vorwort von Dmytro Kuleba
ISBN 978-3-8382-1653-9

17 *Stanislav Aseyev*
Der Helle Weg
Die Geschichte eines Konzentrationslagers
Aus dem Ukrainischen und Russischen übersetzt von
Martina Steis, Charis Haska und Christian Weise
ISBN 978-3-8382-1620-1

18 *Mykola Davydiuk*
Anmerkungen zur Kreml-Propaganda unter Wladimir Putin
Aus dem Ukrainischen übersetzt von Christian Weise
ISBN 978-3-8382-1628-7

The book series "Ukrainian Voices" publishes English- and German-language monographs, edited volumes, document collections, and anthologies of articles authored and composed by Ukrainian politicians, intellectuals, activists, officials, researchers, and diplomats. The series' aim is to introduce Western and other audiences to Ukrainian explorations, deliberations and interpretations of historic and current, domestic, and international affairs. The purpose of these books is to make non-Ukrainian readers familiar with how some prominent Ukrainians approach, view and assess their country's development and position in the world. The series was founded and the volumes are collected by Andreas Umland, Dr. phil. (FU Berlin), Ph. D. (Cambridge), Associate Professor of Politics at the Kyiv-Mohyla Academy and Senior Expert at the Ukrainian Institute for the Future in Kyiv.

Olesya Yaremchuk

UNSERE ANDEREN

Geschichten ukrainischer Vielfalt

Aus dem Ukrainischen übersetzt von Christian Weise

ibidem
Verlag

Bibliografische Information der Deutschen Nationalbibliothek
Die Deutsche Nationalbibliothek verzeichnet diese Publikation in der Deutschen Nationalbibliografie; detaillierte bibliografische Daten sind im Internet über http://dnb.d-nb.de abrufbar.

Bibliographic information published by the Deutsche Nationalbibliothek
Die Deutsche Nationalbibliothek lists this publication in the Deutsche Nationalbibliografie; detailed bibliographic data are available in the Internet at http://dnb.d-nb.de.

УКРАЇНСЬКИЙ ІНСТИТУТ КНИГИ

Dieses Buch wurde mit Unterstützung des Translate Ukraine Translation Program veröffentlicht.
This book has been published with the support of the Translate Ukraine Translation Program.

ISBN-13: 978-3-8382-1635-5

Printed in the EU

Inhalt

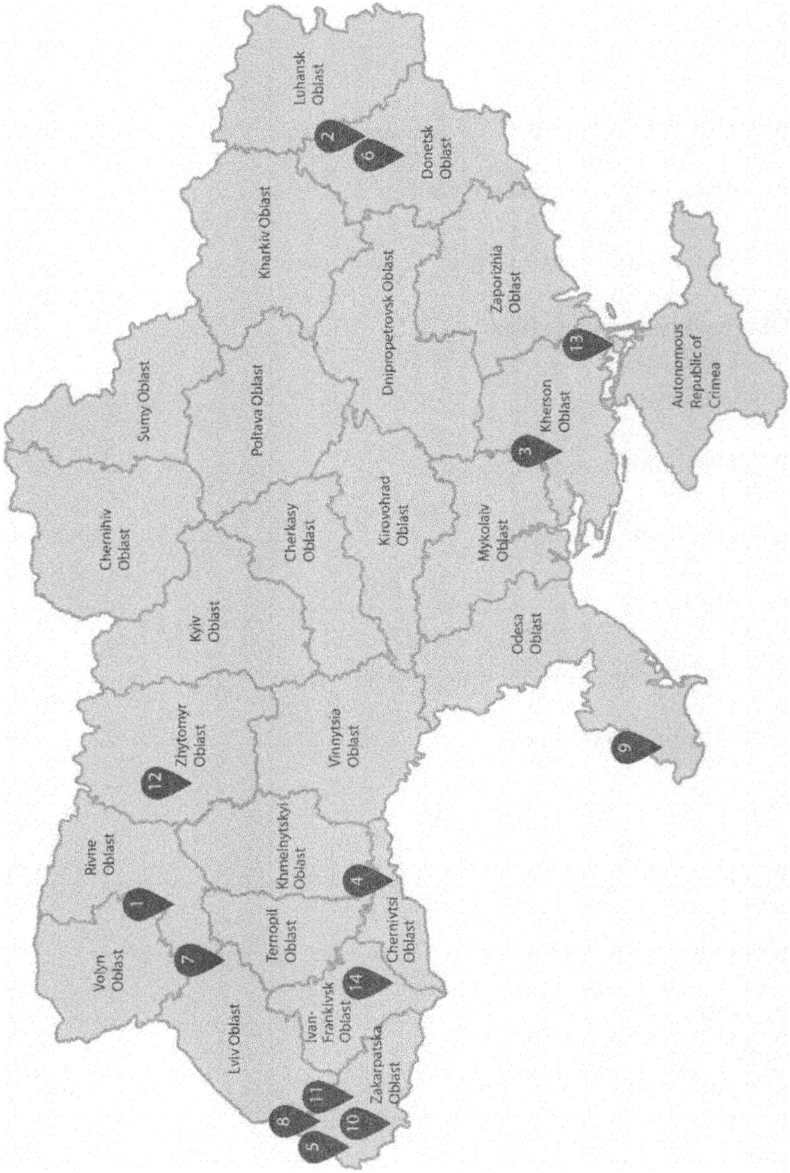
Luhansk Oblast
Donetsk Oblast
Kharkiv Oblast
Dnipropetrovsk Oblast
Zaporizhia Oblast
Autonomous Republic of Crimea
Kherson Oblast
Sumy Oblast
Poltava Oblast
Chernihiv Oblast
Cherkasy Oblast
Kirovohrad Oblast
Mykolaiv Oblast
Kyiv Oblast
Odesa Oblast
Zhytomyr Oblast
Vinnytsia Oblast
Rivne Oblast
Khmelnytskyi Oblast
Volyn Oblast
Ternopil Oblast
Chernivtsi Oblast
Lviv Oblast
Ivan-Frankivsk Oblast
Zakarpatska Oblast
1
2
3
4
5
6
7
8
9
10
11
12
13
14

1. Hruschwyzja Perscha, Tschechen und Slowaken
2. Wasjukiwka, türkische Mescheten
3. Smijiwka, Schweden
4. Herza, Rumänen
5. Mali Selmenzi, Ungarn
6. Torezk, Roma
7. Brody, Juden
8. Welykyj Beresnyj, Liptaken
9. Wynohradiwka, Gagausen
10. Pawschyno, Deutsche
11. Obawa, Wlachen
12. Dowbysch, Polen
13. Nowooleksijiwka, Krimtataren
14. Kuty, Armenier

Vorwort

Der polnisch-britische Soziologe Zygmunt Bauman schrieb in seinem Buch „*Postmodernity and Its Discontents*“ (1997, deutsch 1999): „Es gibt allerdings Wesen, für die in keinem Teilbereich der menschlichen Ordnung ein ihnen zukommender Ort reserviert wurde. Sie sind überall fehl am Platz.“

Ein unglückliches Geburtstagsgeschenk, ein von Vormietern zurückgelassenes Gemälde ... Man kann solche Dinge weder wegwerfen noch nutzen. Sie stechen ins Auge, sie passen nicht in die Einrichtung, gehören zu einem anderen Geschmack, mit dem wir nichts zu tun haben wollen. Der einfachste Weg ist, sie in eine dunkle Ecke zu schieben und dort zu vergessen; so machen wir das normalerweise.

Was aber, wenn das mit Menschen passiert? Ein neuer Landesherr betritt den Raum der Gesellschaft mit seinen *Designern*, die geschickt gezeichnete Blaupausen für eine neue Welt in ihren Händen halten. *Ordnung* herrscht auf den Blättern. Alles ist modern und funktional, unterliegt einem einzigen *Konzept*, es gibt keine alten gerahmten Fotos, Gesichter aus der Vergangenheit brauchen wir nicht. Wer diese Leute sind, woher sie kommen, welche Sprache sie sprechen? Egal. Wenn sie die für sie vorgesehene Rolle auf der Bühne der *neuen Gesellschaft* ablehnen, gehören sie in eine Abstellkammer oder auf die Müllkippe. Das Streben nach ultimativen Lösungen war ein unwiderruflicher Zug moderner *Human Resources Manager*. So heißt das wohl jetzt.

Eine der in diesem Buch beschriebenen Reisen führt uns in das Dorf Dowbysch in der Region Schytomyr, wo eine kleine Gemeinschaft von Polen lebt, meist Nachkommen von „Rückkehrern“, die es schafften, in Stalins Siedlungen in Kasachstan zu überleben. Diese Menschen, die dank der Überlebenden hier in der Ukraine leben, versammeln sich jeden Sonntag in der Kirche, um gemeinsam die Messe zu singen, und verstreuen sich wieder auf die „sowjetischen Gebäude ... die mit ihrer peinlichen Masse alles verdunkeln“.

So ist unsere Ukraine, dieses *Zwischenland* oder *Midgard,* durch das Jahrhunderte lang Wellen freiwilliger oder erzwungener Migration fegten, wobei sie Inseln verschiedener kultureller Gemeinschaften zurückließen. Anschließend, bereits im 20. Jahrhundert, fegte etwas anderes hindurch: die Dampfwalze geplanter Vereinheitlichung von Sprache, Kultur, Religion (oder eher Anti-Religion), Alltagsgepflogenheiten, Weltsicht (wie sollte man das sonst nennen?). Genau so sieht unsere Ukraine jetzt aus, das ist ihr Modell: ein graues Gemenge typisch sowjetischer Gebäude, zwischen denen nur ein sehr wachsames Auge etwas *anderes* ausmachen wird, das in einer neuen „geordneten" Landschaft entweder durch die Nachlässigkeit eines Menschen oder durch beharrliche Sturheit überlebt hat. Eine kleine polnische Kirche, in der die Gemeinde in einer *anderen* Sprache singt; eine traditionelle Speise, die seit Jahrhunderten in einigen wenigen oder mehreren Dutzend Häusern der Gegend zubereitet wird, und diese Speise ist vielleicht die einzige Erinnerung an die lange Reise von den schneebedeckten Bergen, die einst die Vorfahren machten; ein Handwerk aus einer fernen Heimat; ein paar Wörter in einer *anderen* Sprache, die man in der Kindheit gehört hat und die die Nachbarn nicht verstehen.

Ja, diese Inselchen sind klein, manchmal so winzig, dass man sie ohne die Juwelierlupe nicht sehen kann: wie ein Einschluss auf einer mehr oder weniger homogenen Oberfläche, wenn auch zweifellos interessant, aber dank dieser Kristalle des *Andersseins* unermesslich reicher. Dieses Buch ist genau solch eine Lupe, eine bewegende, präzise und liebevolle Linse, die uns an Orte führt, wo sich das „Ukrainische" plötzlich ausdehnt, sich allen Teilen der Welt öffnet und die absurden Mauern des ethnischen Nationalismus so natürlich überwindet, wie ein Fisch über die Grenzen Hoheitsgewässer von wem auch immer hindurchschwimmt. Es ist zweifellos ein Beweis für Weisheit und Reife, sagen zu können: *unsere* Armenier und Juden, *unsere* Polen, Tschechen und Slowaken, *unsere* Roma, *unsere* Deutschen, *unsere* Gagausen, *unsere* Walachen und Albaner. Nur dann, und nicht eher, werden sie alle aufhören, *heimatlos* zu sein. Ja, heimatlos und das durch unsere Schuld, die Schuld der sogenannten gesellschaftlichen Mehrheit. Solange sie Fremde bleiben, wird ihnen ein Ort verweigert: Ein Fremder ist jemand, dem ein Platz im Raum vorenthalten wird, der immer „anderswo“ sein sollte. Diese Menschen – diejenigen, die die Hauptlast von Stalins Deportationen und manchmal ebenfalls von postsowjetischen Nationalismen getragen haben – wissen genau, was dies bedeutet. Deshalb sind sie darüber nicht überrascht. Oft erwarten sie von uns nichts mehr. Meistens fallen sie in Schweigen und verschwinden. Sie gehen fort, assimilieren sich endlich. Sterben.

„Ich habe Angst.“
„Vor wem?“
„Allen.“
„Weshalb?“
„Ich weiß nicht.“
„Erzählen Sie es?“
„Nein.“

Dieser Dialog stammt aus dem Text über die letzte Armenierin im Karpatendorf Kuty, die die einzige lebendige Erinnerung an die einst große und lebendige Gemeinde geblieben ist. Ja, sie schwiegen oft: Ihre Biografien, Herkunft und Namen, ihre Sprache waren oft ein hinreichendes „Corpus Delicti“. Aber warum schweigen sie immer noch?

Diese Frage müssen wir uns ständig stellen. Es gibt wenige Dinge auf der Welt, die gefährlicher sind als der Wunsch nach sprachlicher und kultureller Homogenität. Und es gibt nur wenige Dinge, die trauriger sind als der Unwille, diesen Prozess rückgängig zu machen, nachzuschauen, was unter der Dampfwalze der Geschichte überlebt hat: diese verstreuten Kristalle, Erinnerungen, „kleinen Geheimnisse“. Aber vor allem sind es Menschen, unsere lebenden Landsleute, von deren Existenz wir oftmals keine Ahnung haben. Seien wir ehrlich: Wissen wir viel über *unsere* türkischen Mecheten? Über *unsere* Schweden? Ohne ein solches Wissen werden sämtliche edlen Bemühungen, eine „ukrainische politische Nation“ zu schaffen, fruchtlose Gesten sein, ein Sprechen ins Leere. Es ist unmöglich, den Anderen zum Dialog aufzurufen, ohne seinen oder ihren Namen zu kennen.

Deshalb: lesen Sie dieses Buch, lesen Sie es sorgfältig.

Und noch etwas zum Schluss: Du wirst nie vorhersagen, in welchem Moment und nach welchen Kriterien man dich (oder mich, oder wen auch immer) als Fremden oder fremd brandmarkt, der die *Ordnung*, die *Reinheit* der Landschaft, das *Konzept* dieser oder jener *Designer* bedroht. Deshalb sind wir alle Andere, die nur durch Verständnis, Empathie und Liebe zusammengehalten werden. In diesem Buch geht es auch darum. Nein, es geht vor allem darum.

Ostap Slywynskyj

© Serhij Poleschaka

Äpfel aus dem vergessenen Garten

„Es war so: Als man die tschechischen Jungs für den Krieg einzog, da traten sie ein in das Armeekorps von General Ludvik Svoboda", erklärt Josyp Mychaltschyn aus dem Dorf Hruschwyzja Perscha in der Nähe von Riwne laut und ausdrucksstark. „Die Tschechen sahen sofort, was Kolchosen bedeuteten und wer die Sowjets wirklich waren. Und ein Tscheche sagte dem Kommandanten: ‚Wir wollen aus den wolhynischen Kolonien zurückkehren in unsere Heimat. Wir werden Prag befreien – aber lasst uns zurückkehren.'"

Die Prager Operation, die am 11. Mai 1945 endete, wurde die letzte Offensivoperation der Roten Armee in Europa während des Zweiten Weltkriegs. Hierbei nahmen die sowjetischen Truppen mehr als 850.000 deutsche Soldaten und Offiziere, dazu 35 Generäle, gefangen. An der Befreiung Prags nahmen auch die wolhynischen Tschechen aktiv teil. Kommandant Svoboda hatte keine Wahl, er musste die Vereinbarung erfüllen und den Kolonisten die Rückkehr gewähren.

Die Tschechen warteten mehr als ein Jahr auf die Genehmigung und unterzeichneten am 10. Juli 1946 in Moskau ein Dokument mit dem endlosen Titel: Abkommen zwischen den Regierungen der Tschechoslowakei und der UdSSR über das Recht der Option und der wechselseitigen Umsiedlung tschechischer und slowakischer Bürger, die in der UdSSR auf dem Territorium des ehemaligen Gouvernements Wolhynien leben, und den Bürgern russischer, ukrainischer und belarussischer Nationalität, die auf dem Territorium der Tschechoslowakischen Sowjetrepublik leben.

So erhielten etwa vierzigtausend Tschechen, die sich in den 1860er Jahren in Wolhynien angesiedelt hatten, das Recht, das Land zu verlassen. Und die meisten nahmen dieses Recht wahr. Sie hatten sich in den ukrainischen Ländern gut geschlagen: Jahrzehnte harter Arbeit trugen gute Früchte. Die tschechischen Bauernhöfe waren hier die reichsten, ihre Häuser am besten gebaut, es gab genügend Kirchen und Brauereien. Mit der sowjetischen Ordnung erwies sich jedoch dieses Leben als unvereinbar.

„Es ist schwer, sich von den Orten zu trennen, in denen wir geboren wurden, wo unsere Eltern und wir uns abgearbeitet haben, um unseren Nachkommen eine bessere Zukunft zu sichern", sagte 1947 Vladimir Šrek, ein Tscheche, bei der Messe in der einheimischen tschechischen Kirche. „Alles ist geschaffen von unseren Händen, besprengt mit unserem Schweiß, wir dachten, dass uns das alles für immer gehört. Und jetzt verlassen wir Wolhynien mit einem Beutel über den Schultern, fast ohne Geld, wie lassen fast alles zurück. Aber sind unsere Eltern etwa mit mehr Reichtum nach Wolhynien gekommen, als wir es jetzt verlassen? Die Früchte unserer Arbeit bleiben hier."

„Wer von uns hatte keinen befreundeten Tschechen, mit dem wir uns gerne trafen und unterhielten? Wir werden sie vermissen, wenn sie gehen", fügte der orthodoxe Priester hinzu.

Nach der Ansprache begannen die Gemeindeglieder so wie der Pater zu weinen.

Flüsse von Milch

„Jozef Gavliček, 1932. Irgendwo muss das Schildchen sein", wiederholt Josyp Mychaltschyn und bahnt sich seinen Weg durch das wuchernde Gebüsch. „Hier, unweit der Straße, steht als erstes unser Haus. Und dort", er winkt mit der Hand in Richtung des Dickichts, „waren alles tschechische Häuser. Und da hinten Tschechen und hier entlang Tschechen, insgesamt gab es in unserem Gebiet eintausendzweihundert Tschechen. Einige haben hier eingeheiratet, dann sind sie geblieben. Gerade vor kurzem haben wir die Tschechin Karolina beerdigt, Raček ist auch geblieben. Aber sie sind alle schon verstorben."

„Hier gab es eine Straße. Oh weh, wie alles überwuchert ist. Nun, immerhin gibt es einen Weg", seufzt er und schlägt sich beharrlich einen Weg durch das Gesträuch.

Josyps Familie kam aus der Ostslowakei, um eben jene tschechischen Kolonisten zu ersetzen.

„Als wir ankamen, war nur der Himmel zu sehen, sonst weit und breit nichts. Ich war damals sieben Jahre alt, ich erinnere mich. Die Frauen hoben ihre Hände weinend gen Himmel. Erst dann betraten wir die Häuser. Unseres war gerade das von diesem Gavliček, so steht es auf dem Grundstein. Unser Grundstück ist hier", er zeigt auf ein weites Feld. „Bearbeite es nach Herzenslust."

Davor hörte Josyps Vater in der Slowakei Aufrufe wie diesen: „Liebe Brüder und Schwestern! ... Wir haben eine große Idee, ein großes Ziel - die Vereinigung des gesamten russischen Volkes, so dass es nicht mehr soziale oder nationale Unterdrückung leidet. Die sozialistische Ordnung und das sozialistische System der Sowjetunion sind die höchste Form der Demokratie auf der ganzen Welt. Diese Form, wo die Werktätigen die Macht in ihre Hände genommen haben, vollbringt unter der Führung der Kommunistischen Partei Wunder."

Postkarten mit so einem Text unter der Überschrift „Wenn du Russe bist, ist dein Platz in Russland", irgendwie angepasst an die Landessprache, tauchten im Februar 1946 in den Dörfern der Ostslowakei auf. Die sowjetischen Behörden versuchten die Einheimischen zu überreden, nach Wolhynien zu ziehen. Die demografische Lücke, die durch den Exodus der Tschechen entstanden war, musste geschlossen werden.

„Die Propaganda war schrecklich", sagt Josyp. „Niemand hätte gedacht, dass auf einem so hohen staatlichen Niveau mit so großen Lügen gearbeitet würde. Diese sowjetischen Emissionäre malten aus, dass hier Flüsse von Milch fließen."

Die Behörden der UdSSR versprachen, nicht nur die Menschen, sondern auch ihr Vieh, Möbel und Werkzeuge schnell und bequem in die Ukraine zu transportieren. Wohnraum wurde nach folgendem Schema garantiert: In der Slowakei verkauft eine Familie ihr Haus oder übergibt es dem tschechoslowakischen Staat und erhält dafür umgekehrt ein sogenanntes Bewertungs-Zertifikat, orientiert an dem geschätzten Wert der Immobilie. Am neuen Standort kauften sie ein Haus entweder für „bares" Geld oder indem sie ihr Zertifikat eintauschten. Auf jeden Fall, versicherten die Agitatoren, werden die Lebensbedingungen ausgezeichnet sein, da die Tschechen geräumige, hochwertige Ziegelhäuser zurücklassen. Und wenn sie die großen Flächen fruchtbaren Landes hinzunähmen und am Aufbau einer idealen Gesellschaft teilnehmen, wie könnten sie dem nicht zustimmen? Wenn ihnen das nicht gefalle, so beruhigten sie die Slowaken, könnten sie innerhalb von zwei Jahren ohne Probleme zurückkehren.

Der Vater des kleinen Jošek, Mikula Mihalčin, hörte den Agitatoren zu und war entzündet von der Idee, „nach Rusko", nach Wolhynien, zu gehen. Es gab ungefähr 12.000 *Optanten* wie ihn, Leute, die sich entschieden, ihre Staatsbürgerschaft im Rahmen einer Vereinbarung zwischen den beiden Staaten zu ändern.

„Unsere Leute haben sich angemeldet. Warum auch nicht? Uns wurde ein solches Paradies beschrieben. Einen ganzen Bauernhof, Pferde, alles sollte es geben", sagt Josyp.

Aus seinem Heimatdorf *Chmeľová* in der Nähe von Bardejov zog ein Drittel der Bevölkerung ab.

„Züge, Wagons, Abschiede, Tränen", erinnert er sich. „Wir sind lange gefahren. Ungefähr eine Woche! Weil es bei der Eisenbahn allerlei Unstimmigkeiten gab. Zumal wir in Viehwagons reingefahren sind, weil es keine Passagierwagons gab. Wir haben dort geschlafen. Und stellt euch vor, man musste dort etwas essen, kochen und warm machen. Jede Familie hatte einen Wagon. Wir mussten sowohl Getreide als auch Geflügel mitbringen. Und in einem zweiten Wagon gab es Vieh. Die Leute nahmen alle Arten von Geflügel mit, was immer sie hatten. Nur die Tschechen fuhren ohne etwas, mit einem Säckchen auf dem Rücken."

Den Slowaken wurde eine baldige Ankunft versprochen. Durch die schlechte Koordination zwischen den sowjetischen Funktionären in beiden Ländern standen die Migrantenzüge jedoch mehrere Tage an Zwischenstationen oder auf Nebengleisen. Die Reise zog sich hin über ein oder gar zwei Wochen. Und Futter für die Tiere hatten sie nur für ein paar Tage mitgenommen. Es war schwer. An den Endstationen mussten die *Optanten* oft selbst nach Gütertransporten ins Dorf suchen, obwohl die Sowjetunion versprochen hatte, den ganzen Weg bis zum neuen Zuhause zu gewährleisten. Manchmal dauerte die Suche nach einem Karren oder einem Auto mehrere dutzend Stunden, während die Familie mit all ihren Habseligkeiten auf dem Bahnsteig wartete.

„Als wir ankamen, haben wir sofort alles verstanden. Nach dem Krieg war eine schreckliche Hungersnot, Verwüstung." Josyp schaut in den Garten. „Aber das Tor war schon geschlossen. Es gab kein zurück."

Von Ende 1947 und Anfang 1948 sind Fälle belegt, in denen Dutzende von Menschen ihr Eigentum verkauften, Pferde kauften, die wertvollsten Dinge auf Karren verluden und gruppenweise zur Grenze zogen. Dies war insbesondere der Fall in den Dörfern Mytnyzja und Kwasyliw in der Region Riwne. Sie schafften es jedoch gerade mal, fünfzig Kilometer zurückzulegen, da die Sicherheitskräfte sie zurückwiesen. Die Kwasyliwer Optanten widersetzten sich und die Polizei setzte physische Gewalt ein. Zwei Personen wurden festgenommen. Ein junges Mädchen wurde an Armen und Beinen gepackt und in ein Polizeiauto geworfen: Sie starb, weil ihr Kopf an die Metallkarosserie schlug.

Alles gehört uns, alles gehört allen gemeinsam

„Oh Gott, die Walnussbäume stehen immer noch da. Ich war seit zehn Jahren nicht mehr hier", gesteht der Mann.

Wir bahnen uns einen Weg durch das Dickicht zum alten tschechischen Haus, in dem Josyp seine Kindheit verbracht hat, und wo seine Eltern, Mikula und Zuzana Mihalčina, versuchten, ein neues Leben zu beginnen.

„Wir begannen, das Land zu bewirtschaften: vier Hektar Land ... Der Boden war wunderbar im Vergleich zu den Karpaten. Aber es gab eine Hungersnot, eine Dürre im Süden und Osten der Ukraine. Leute baten um Almosen: Sie liefen tagsüber und nachts. Versuchten einzubrechen. Papa zog vom Haus aus zum Birnbaum Glöckchen, um sie kommen zu hören. Denn tagsüber fragten sie und nachts konnten sie stehlen. Und wenn meine Mutter etwas zu essen gab, erwiderten sie: *Danke, Stalin, dass wir in den Westen laufen durften*. Sie war empört: Warum danke, Stalin? So haben wir gearbeitet, bis die Kolchosen begannen. Die Leute waren nicht sehr dagegen, weil es schwierig war."

Im September 1949 nahm die Kolchose *Neues Leben* ihre Arbeit in Hruschwytzja offiziell auf.

„Als sie kamen, um das Eigentum zu übernehmen, mussten wir eine Auflistung abgeben. Die Agitatoren sagten: *Das gehört alles uns, das gehört alles allen gemeinsam*. Das war unsere erste Lektion in Sozialismus."

Da die meisten Siedler in arm waren, verstanden sie die Vorteile der kollektiven Landwirtschaft. Wohlhabende Familien, die man Kulaken nennen könnte, gab es unter ihnen nicht. Anträge auf Mitgliedschaft in der Kolchose wurden meist freiwillig gestellt. Die Bauern übergaben Kartoffeln und Getreide zur Aussaat, um die künftige Ernte einfahren zu können. Die Situation mit den privaten Grundstücken war schlimmer. „Die Menschen verstanden nicht, warum der Garten, den sie angelegt und gepflegt haben, zur Kolchose gehört", schrieb der Wissenschaftler Stepan Kruschko in seinem Buch *Optanten*. „Es gab Fälle, in denen Bauern Landstückchen säten, die nicht kultiviert wurden, zum Beispiel an mehreren Straßenrändern. Als die Funktionäre der Kolchose davon erfuhren, wurde der Bauer besteuert, das Getreide wurde gemäht, ohne es reifen zu lassen, die Kartoffeln wurden ausgegraben und von den Bäumen schlugen sie die Früchte herunter."

„Ich habe bei Komsomol-Einsätzen auf unberührten Böden Kasachstans gearbeitet, habe mich dann mit Musik und Kultur beschäftigt. Ich habe ein bisschen an der Musikschule studiert, konnte mir aber kein *Bajan* – Knopfakkordeon – für die Aufführung kaufen. Das *Bajan* kostete sechshundertfünfzig Rubel, im Kulturhaus hatte ich aber ein Gehalt von sechsunddreißig. Dann arbeitete ich als Fahrer, dann im Kraftwerk, wo mein Sohn jetzt arbeitet."

Josyp spielte auch die *Domra* und sprach auf dem Kongress der fortschrittlichen Kolchosbauern.

„Und dann sah ich einmal die Anzeige in der Zeitung: *Rekrutierung für leitende Positionen in der Landwirtschaft*. Wie? Werden auf diese Weise Leute für Positionen ausgewählt? Ich konnte das nicht verstehen. So wurde ich vor vierzig Jahren Abgeordneter. Mein Freund war Dorfvorsteher, und er registrierte mich als Stellvertreter. Nun gut, dann sollte es so sein. Ich kam in die Versammlung und sagte als Abgeordneter ein paar Worte über meinen Wahlkreis. Zuallererst sei es nötig, Straßen zu bauen, denn man käme nur mit dem Hubschrauber hierher. Außerdem brauchten wir einen Kultivator. Ich schlug auch vor, den Dorfrat in das Kulturhaus zu verlegen und dort ein Hotel einzurichten. Ich hatte bereits gesehen, dass es dort Fernfahrer gibt. Warum also nicht Geld damit verdienen? Und das sind bereits fünfzig Kollektivbauern, die Arbeit haben würden. Darauf wurde mir gesagt: ‚Ach du, Mychaltschyn, du erzählst eine gute Geschichte.'"

Eine gute Geschichte

Wolodja Mychaltschyn, Josyps Enkel, steht am Haus der Kultur und diskutiert über irgendetwas lebhaft am Telefon: „Nun, wir haben fünfunddreißig Meter Verlängerungskabel!"

Die Idee, den Dorfrat zu verlegen und ein Hotel zu errichten, wird noch umgesetzt, wenn gleich ein halbes Jahrhundert nach der Ankündigung durch den Großvater. Der Erlös des Hotels soll der Gemeindeentwicklung zugutekommen.

Jetzt ist Wolodja der stellvertretende Dorfleiter von Hruschwyzja Perscha. Er ist vierundzwanzig. Er studierte in Kiew, wollte dort aber nicht bleiben. Die Stadt ist zu sehr russischsprachig, sagt er.

„Das mochte ich nicht. 2015 kehrte ich ins Dorf zurück und wechselte ins Fernstudium. Die Eltern sagten, wenn du es selbst bezahlst, dann mach. Ich ging. Dann gab es gerade Kommunalwahlen, an denen ich teilgenommen habe. Ich war einundzwanzig Jahre alt."

„Einundzwanzig?", staune ich.

„Ich hatte den Wunsch nach Veränderung, ich wollte verstehen, wie alles funktioniert. Ich habe mich schon von der Schule an für Politik interessiert, vielleicht weil mein Großvater viel darüber geredet hat. Schon als ich zehn war, nahm er mich mit zur Orangenen Revolution. Wir verbrachten die Nacht dort. Die Leute marschierten, ein ganzes Meer! Hunderttausende! Ich habe so etwas noch nie gesehen. Winter, Schnee, und alles ist orange."

Und als Wolodja Student in Kiew war, begann der Euromaidan.

„Wir liefen in einer so großen Kolonne, dass wir teilweise die Fahrbahn des Prospekt Peremohy betreten mussten. Ich war in Kiew und mein Großvater nahm selbst einen Bus von Riwne. Wir hörten, dass es Proteste in der Nähe der Präsidialverwaltung gab, zogen dorthin. Ich bekam meine Dose Tränengas ab."

Der junge Mann kehrte nach Hruschwyzja Perscha zurück und führte unerwartet den Wahlkampf des Dorfvorstehers an.

„Zum ersten Mal im Dorf gab es eine Debatte, zum ersten Mal veröffentlichten wir Wahlprogramme. Die Kandidaten gingen von Haus zu Haus und redeten. Das war cool."

Im Laufe eines Tages schafft es Wolodymyr mehrmals, durch das Dorf zu gehen, ein Dutzend Dinge zu tun: die gekauften Zelte, Matten und Rucksäcke für einheimische Kinder abzuholen, zum Gebiet des zukünftigen Erholungszentrums mit See zu laufen und die Delegation zu begrüßen, in den Kostümraum im Haus der Kultur zu schauen, die Siedlung zu besuchen, die ein Zentrum für Tourismusentwicklung werden soll. Uns wird ganz schwindelig

Er kommt nach Hause, wenn es dunkel wird. Aber die Arbeit hört dort nicht auf: Wolodymyr sucht nach alten Fotos, erzählt uns vom Dorf. Er interessierte sich für Familiengeschichte und begann, sie zu studieren. Er bringt einen Stapel Bücher mit, wir reden bis zum Einbruch der Dunkelheit, bis Opa Josyp das alte *Bajan* nimmt und ein rusynisches Lied beginnt.

2015 hat Wolodymyr mehrere Ziele notiert: einen Spielplatz im Park zu bauen, Mülleimer auf die Straßen zu bringen, einen Fußballplatz und einen Gymnastikraum mit Spiegeln für Tanzkurse einzurichten. Schließlich wollte er die antike Siedlung für Touristen attraktiv machen.

Fast alles ist erledigt.

„Ich hätte nie gedacht, dass ich so erfolgreich sein würde. Nur drei Jahre", sagt er. „Aber mein Urgroßvater hat einmal gesagt: ‚Du wirst sehen, irgendwann wird sich alles ändern.'"

1968

„Diese Revolutionen – wenn ich über sie spreche, tut mir die ganze Zeit der Kopf weh. Und das Herz", sagt Josyp Mychaltschyn und legt die Hand auf seine Brust. „Wie viele davon habe ich erlebt ... 1968 wollten mein Vater und meine Mutter zurück in die Tschechoslowakei. Ich habe sie gefahren. Da war gerade der Prager Frühling, es wurden Reservetruppen in die Tschechoslowakei gebracht. Wir hatten keine Ahnung: haben alles ins Auto gepackt, auf Wiedersehen gesagt, los gehts. Wir hatten Dokumente mit einem Siegel, mit Angaben, wohin wir gehen – alles war so, wie es sein sollte."

Aber als wir uns der Grenze näherten wurde das Zutrauen erschüttert. Das Auto wurde vom sowjetischen Militär angehalten.

„*Welche andere Tschechoslowakei?! Was hast du dir ausgedacht?!*", erinnert sich der alte Mann. „Ich antworte: ‚Warum *ausgedacht*, die Dokumente sind alle vorhanden, die Eltern haben ihre Sachen für eine dauerhafte Ausreise zusammengesammelt, Schluss.' Der Soldat rannte zum Wachhäuschen und ich hörte ihn sagen: ‚*Genosse Oberst, hier gehen die Leute in die Tschechoslowakei! Was ist zu tun?!*' Ich denke, los gehts, das war es. ‚*Okay gut! Verstanden, verstanden,*' höre ich. ‚*Schau!*', sagt er zu mir wie zu einem Jungen, und ich war damals noch jung. ‚*Wenn du auf militärische Konvois triffst – störe sie nicht! Sonst findet man dich in einer Schlucht wie-*

der.' Wir fahren los – und tatsächlich: Die Karpaten sind voll von Panzern."

Josyp und sein Vater und seine Mutter kamen in ihrem alten GAZ-24 Wolga in die Tschechoslowakei. Und dort ist alles ruhig: Die Menschen hatten keine Ahnung, was für sie von Seiten der ukrainischen Karpaten vorbereitet wurde.

„Wir kamen in *Chmeľová* an. Papa zog ein, aber nicht mehr in sein Haus, sondern in das seiner Schwester. Es war schwer, sich zu verabschieden. Weil ich hier in Hruschwyzja Perscha eingeheiratet habe, mein Haus gebaut habe, konnte ich nicht weg. So hat uns die Grenze voneinander getrennt. Mein Vater und meine Mutter sind dort in *Chmeľová* gestorben. Und ich pflegte zu sagen, man solle mich dort begraben. Jetzt weiß ich es selbst nicht."

Mikula und Zuzana Mihalčin waren durchaus nicht die einzigen, die zurückkehrten. Nach Stalins Tod wurden die Regeln gelockert, Tausende ehemalige Migranten aus der Slowakei konnten umziehen. Von den zwölftausend Menschen, die 1947 die Ostslowakei verließen, blieb bis 1967 nur die Hälfte in Wolhynien. Obwohl der Boden steinig und die Häuser nicht so gut sind, ging es den Menschen in ihrer Heimat besser. Wolhynien wurde für die meisten nie zum Heimatland.

Aber für Josyp wurde es Heimat. Nach 1968 sah er seine Eltern jedoch nur noch selten.

„Wie oft sind wir dort hingefahren, fünfmal, siebenmal?", fragt er seine Valentina. „Wir fuhren nach *Chmeľová* und waren außerdem noch in Prag. Mehr nicht, weil es Geld kostet. Aber in Tschechien gibt es etwas zu sehen. 1986 lieh ich mir dort einen Schiguli, einen Lada 6. Ich war überrascht, dort sieben Kilometer lange Autotunnel zu sehen. Und auf den Gleisen gibt es spezielle Brücken für Tiere, denn das Gleis ist eingezäunt, so dass weder Hirsche noch Hasen unter die Räder laufen. Du kannst sehen, was die Leute tun. Vielleicht werden unsere Enkel oder Urenkel so etwas erleben? Das ist gerade um die Ecke, wie weit ist es dort bis Uschhorod? Einer meiner Enkel hat dort eine Wohnung und ein Auto gekauft und möchte dort dauerhaft leben. Ich habe schon nicht nach Details gefragt, es geht ihm gut."

Verwandte und Bekannte aus der Slowakei haben ebenfalls Hruschwyzja Perscha mehr als einmal besucht.

„Wir hatten sogar Besuch aus Amerika. Er kam zusammen mit meinem Patensohn, dem Sohn von Stepan Kruschko, der Englisch spricht. Dann haben sie in München ein Auto gemietet, dort Benzin geholt, um nicht hier zu tanken, und sind angekommen. Das ist ein entfernter Verwandter! Meine Tante lebte auch in Amerika, die Schwester meiner Mutter. Aber ich habe mehr Verbindungen in die Slowakei."

Josyp seufzt. Nach einem anstrengenden Arbeitstag geht er noch ein bisschen um das Haus herum, setzt sich aber schließlich. Sein unterer Rücken tut ihm weh. Der Mann sieht ruhig aus, aber innerlich scheint etwas zu hämmern, herauszubrechen.

„Wir haben hier und da Enkel und Urenkel. Und die Eltern sind dort", sagt er und ich sehe, wie seine Augen nass werden. „Es ist so viele Jahre her und ich kann das ‚Vergib mir' meines Vaters nicht vergessen, als wir uns verabschiedeten."

„Vergib uns, mein Sohn, dass wir so gegangen sind. Vergib uns", wiederholt er.

***

„Mein Gott", Josyp schaut in den alten Brunnen in der Nähe des tschechischen Hauses. „Ich war ein paar Mal drin: einmal fiel ein Hahn, einmal ein Huhn hinein. Und sie haben mich dort als Leichten auf einem Eimer heruntergelassen, ich habe sie erwischt", lacht er. „Ach herrje, mein kleines Häuschen. Hier verlief doch unsere Kindheit, mein Gott. In diesem Brunnen ist sogar noch Wasser. Zwei Zimmer, Herd, Speisekammer. Und wenn du in den Keller hinuntergingest, stände dort geschrieben: ‚Josef Gavliček', ich habe euch das erzählt. Schade, dass ich keine Streichhölzer mitgenommen habe, ich hätte sie für euch angezündet."

Josyp pflückt Äpfel im alten Garten. Er packt sich die Taschen voll, bis das Obst herausfällt. Er lacht. Er spricht schon nicht mehr mit mir, sondern irgendwo weiter in Richtung Tür:

„Schau dir nur unser Haus an, Papa."

© Roman Potapenko

Im Wettlauf mit dem Krieg

I. Dün - gestern

Neunzehn Grad unter null. Über die steif gewordenen Finger gleiten Ströme von Februarluft und trocknen gnadenlos meine seidige Haut zu rissigem Pergament. Wir bewahren nur mühsam das Gleichgewicht auf der vereisten Straße und halten an einem niedrigen Haus mit erleuchteten Fenstern.

Ein stämmiger Mann in einer dunklen Jacke tritt ans Tor. „Guten Tag", grüßt er freundlich auf Russisch und streckt mir warm seine Hand entgegen, damit ich nicht falle. Jasim. Jasim Jasinowytsch Iskondarow ist der Älteste der Türkischen Meschetischen Gemeinde im Dorf Wasjukiwka, in der Nähe von Bachmut. Er begleitet die unerwarteten Gäste ins Haus, lädt uns ein ins Wohnzimmer. Seine Familie lebt seit achtundzwanzig Jahren in der Region Donezk. Hier fand Jasim auf der Flucht vor den Pogromen in Usbekistan Zuflucht, wohin seine Eltern 1944 nach der Deportation aus Meschetien in Georgien zogen. Dieses Haus wurde das Zuhause seiner drei Kinder und fünfzehn Enkelkinder.

In der Küche herrscht leichte Aufregung. Jasims Frau Marpula, 58, bindet sich ein kariertes Taschentuch um den Kopf und bringt Tee und Süßigkeiten ins Zimmer. Wir setzen uns nach türkischer Tradition mit gekreuzten Beinen an einen niedrigen Tisch – *Suffra* – mit dem Bild des Mondes und der Sterne auf rotem Grund. Von Zeit zu Zeit kommen junge Frauen aus der Familie zu uns.

„Meschetien", beginnt der Mann die Geschichte und hält einen Moment den Atem an. „So heißt unser Land."

Die kulturhistorische Region an der Grenze zwischen der Türkei und Georgien ist seit jeher zwischen den beiden Staaten aufgeteilt. 1921 unterzeichneten die armenischen, aserbaidschanischen und georgischen Sowjetrepubliken einerseits und die Türkei andererseits das sogenannte Abkommen von Kars, bei dem ein Teil des armenischen Territoriums an die Türkei abgetreten und fünf türkische Regionen Teil Georgiens wurden.

„Ja, meine Eltern wurden in Meschetien, bereits Georgien, geboren", erzählt Jasim, „aber 1944 wollte Stalin uns vertreiben, weil der Verdacht bestand, dass wir mit der Türkei zusammenarbeiten könnten."

Er vertrieb sie.

Aufgrund des Beschlusses des Staatlichen Verteidigungskomitees vom 14. November wurden Jasims Leute in Güterwagen getrieben und über den Ural transportiert.

„Sie haben sie vierzig Tage lang nach Zentralasien gebracht." Jasims Augen schimmern schwärzer als die Erde. „In diesen Wagons starben Menschen. Die Kinder weinten. Wie viele Menschen starben? Niemand weiß es oder hat gezählt. Einige sagen einhunderttausend, andere einhundertzwanzigtausend."

Diese Geschichte wird von Kindern und Enkeln in jedem Haus erzählt.

„Möchten Sie nach Meschetien zurückkehren?", frage ich.

„Ja, mein ganzes Leben lang!", antwortet Jasim ohne zu zögern. „Und meine Eltern wollten ihr ganzes Leben lang, dass wir dorthin zurückkehren. Ich erinnere mich, dass mein Onkel 1966, als ich sieben Jahre alt war, nach Georgien nach Tiflis ging, aber weiter durfte er nicht gehen. Er wollte seine Heimat sehen. 1989 wurde die Rückkehr der türkischen Mescheten in Moskau ebenfalls nicht berücksichtigt. Letztes Jahr fuhr mein Bruder in die Türkei und dann in die Gegend, in der unsere Eltern geboren wurden. Zweiundsiebzig Jahre später ... Mein Vater erzählte uns: Am dritten Haus von der Schule gab es einen Garten ... In dem Dorf, in dem meine Eltern geboren sind, ist jetzt der Grenzkontrollpunkt, der Übergang in die Türkei."

Heute ist schon alles anders.

II. Bugün - heute

Aus Meschetien deportierten die sowjetischen Behörden die türkischen Mescheten nach Zentralasien, hauptsächlich nach Usbekistan.

„Wir haben in Samarkand gelebt. Das war die erste Hauptstadt Usbekistans." Jasim bricht mit den Händen das Brot, *etmek*. „Ich hatte dort eine gute Arbeit, ich habe in einer Fabrik gearbeitet. Wir lebten sehr friedlich. Ich weiß nicht, was passiert ist."

Was im Mai 1989 geschah, nennt man Farg'ona-Pogrome. Der übliche Streit auf dem Basar eskalierte zu einem interethnischen Konflikt. Wenn man nach den Ursachen der Tragödie fragt, können nur wenige etwas erklären.

„Wir teilen eine Religion, einen Glauben", denkt Jasim laut nach. „Im Islam gibt es Sunniten und Schiiten. Wir sind Sunniten. Und in Usbekistan sind 95–96% auch Sunniten. Es gab keinen Streit über die Sprache. Moskau hatte das Signal gegeben, das *Tschernozem*, den fruchtbaren schwarzen Boden zu kultivieren. Das Farg'ona-Tal war die am dichtesten besiedelte Region. Vielleicht hätten wir die Überflüssigen vertreiben sollen. Aber wir sind ein ruhiges, fleißiges Volk, wir haben still und leise vor uns hin gearbeitet. Deshalb weiß ich es nicht."

Es wird gesagt, dass ein Türke auf dem Basar eine usbekische Verkäuferin grob verprügelt, ihre Erdbeeren umgeworfen habe, andere Männer dann für sie eingetreten sind und ein Kampf ausgebrochen sei.

„In den siebziger und achtziger Jahren konnten sie wirklich jemanden töten und es passierte nichts, aber hier haben sie gekämpft und es hat sich zu einem interethnischen Konflikt hochgeschaukelt", erinnert sich der Gemeindeälteste.

Gulnara Bekirowa schreibt in ihrem Artikel über *Krim. Realien*, dass den Ereignissen vom Mai 1989 Kundgebungen in Taschkent im Dezember 1988 vorausgingen, die unter dem Motto „Russen, geht nach Russland und Krimtataren auf die Krim" stattfanden. Offenbar breitete sich der Hass auf die Siedler auch auf die türkischen Mescheten aus: „ ... die Anspannung ließ nicht nach, unter der usbekischen Jugend zirkulierte die Rede davon, dass man den Türken ‚eine Lektion geben sollte'."

Am 23. Mai kam es in den Straßen von Quvasoy zu Zusammenstößen, an denen sich von beiden Seiten mehrere hundert Menschen beteiligten. Die Menge versuchte, in die Viertel der türkischen Mescheten und anderer nationaler Minderheiten einzudringen, um ein Pogrom zu begehen. Mit Hilfe von mehr als dreihundert Polizisten gelang es, die Unruhen zu stoppen. Achthundertfünfzig Menschen wurden verletzt, einunddreißig Personen wurden ins Krankenhaus eingeliefert.

In der Region verbreiteten sich Gerüchte, dass türkische Mescheten Usbeken verspotteten, Frauen vergewaltigten und Kinder folterten. Am Morgen des 3. Juni stürmte eine Gruppe Usbeken das türkische Viertel in Toshloq. Häuser wurden angezündet, Anwohner geschlagen. Am nächsten Tag brannten nicht nur Häuser in Farg'ona und Toshloq, sondern auch in Margilan und anderen Siedlungen, in denen türkische Mescheten lebten.

„Sie kamen zu uns nach Samarkand und sagten: ‚Entweder du gehst, oder wir arrangieren so etwas wie in Farg'ona'", erinnert sich Jasim ruhig. „Ich erinnere mich an den Moment, als wir begriffen, dass es hier kein Leben geben würde." Und wir machten uns auf die Suche nach einem Zuhause.

Obwohl der Vater der Familie darüber distanziert spricht, können die Mädchen es nicht ertragen, sie verlassen den Raum.

Zu dieser Zeit kamen Männer aus verschiedenen Familien zusammen und reisten von Region zu Region auf der Suche nach einem Ort und in der Hoffnung, irgendwo akzeptiert zu werden.

„Acht von uns sind losgezogen", erinnert sich Jasim an die Ereignisse vor 28 Jahren. „Zunächst musste ein Ort gefunden werden, an dem die Familien nicht leiden würden. Es war Juni. Uns wurde gesagt, dass es Häuser in der Region Stawropol in Russland gibt. Aber als wir dort ankamen, durften wir nicht hin. Als nächstes ging es in die Stadt Prochladnyj. Es war genau, als der Zug *Adler* durch ganz Kasachstan fuhr. Sie fuhren durch Kalmückien, durch Dagestan, nach Grosny, nach Beloretschensk. Wir schauten uns das an, gut, aber wir sind solche Bedingungen nicht gewohnt. Im Juni fällt Regen, überall Dreck, Matsch unter den Füßen, wie soll man hier leben? Lasst uns zurückgehen. Auf der Fähre Baku-Krasnowodsk trafen wir eine Familie, die für eine medizinische Behandlung nach Turkmenistan fuhr. Der Mann sagte uns: ‚Wir haben viele Kolchosen, Sie können kommen und schauen. In fünfzehn Tagen bin ich zu Hause.' Er gab uns seine Telefonnummer. Er sagte, ‚einverstanden, ich treffe euch. Ruft morgen an.'"

III. Yarın – morgen

Dieser Mann erwies sich als der Bürgermeister des Dorfes Wasjukiwka in der Region Donezk, damals noch sowjetisch.

„Er hat uns am Bahnhof abgeholt, uns durch die Kolchose geführt", sagt der Gemeindeälteste. „Er zeigte die Häuser, die leer standen. Es hat uns hier gefallen und wir haben uns entschlossen zu kommen."

Die acht Männer beschlossen, ihre Familien hierher zu bringen. Mehr als vier Tage lang fuhren sie mit dem Zug durch Wolgograd und Artemiwsk (heute Bachmut). Mit ihren Kindern, ihren Habseligkeiten, ihren Emotionen.

„Es war schwer", erinnert sich der Gemeindeälteste. „Sie gaben angeblich pro Familie zehntausend Rubel staatlicher Hilfe. Aber die Sowjetunion fiel zusammen, Geldentwertung. Ich bekam einen Scheck, aber kein Geld! Das Geld ‚verbrannte'. Ich hatte gerade ein Haus in Usbekistan fertiggestellt. Ich habe nicht einmal einen Monat darin gelebt! Einen Monat! Mein ganzes Leben lang habe ich es gebaut ..."

1989 dann verließen fast alle türkischen Mescheten Usbekistan. Ungefähr 90.000 gingen nach Russland, mehr als 30.000 nach Amerika und ungefähr 10.000 in die Ukraine. Hier ließen sie sich in den Rajons (Landkreisen) Henitschesk, Tschaplyn und Kalantschak in der Region Cherson sowie in Poltawa, Bila Zerkwa und Charkiw nieder. In der Region Donezk leben sie hauptsächlich in den Siedlungen des Gemeinderats von Wasjukiwka, wo 440 der 690 Einwohner türkische Mescheten sind.

„Viele unserer Leute wollten von 1989 bis 2004 nicht registriert werden, sie lebten ohne Aufenthaltserlaubnis. Ohne Rechte. Und in der Ukraine wurden wir gut aufgenommen. Uns wurde nie gesagt: ‚Du bist Türke und ich Ukrainer.' Die Menschen in der Ukraine haben uns bei allem geholfen!", sagt Jasim laut und selbstbewusst.

Die meisten Siedler arbeiteten zunächst auf zwei Kolchosen, benannt nach Iljitsch und Lenins Banner. Aber im Jahr 2001 wurden die Kolchosen aufgelöst und die Menschen begannen Kleingärtnerei. Jetzt steht in fast jedem Hof ein Gewächshaus.

„Wir lieben es, Land zu bearbeiten", sagt Sohn Akif, und die Frauen nicken zur Bestätigung. „Früher wurde hier außer Kartoffeln, Mais und Kürbissen fast nichts gepflanzt. Weil der Rest nicht wächst." „Warum?", fragen wir. „Es funktioniert nicht", antworten sie.

„Bei uns klappt alles", mischt sich Schwiegertochter Gulmira ein. „Hier wächst alles: Paprika, Auberginen, Tomaten, Karotten. Wir könnten zwei Ernten in einer Saison ernten. Wir bringen Ordnung, wir schaffen Arbeit für uns."

„Wenn ihr in Bachmut auf den Bauernmarkt geht, werden euch alle sagen, dass das Gemüse von türkischen Mescheten am besten ist. Ein Zeichen von Qualität."

„Niemand unterdrückt uns hier", sagt Jasim über das Leben in Wasjukiwka. „Wir hatten unser eigenes Volksensemble, man hat uns finanziell unterstützt. Wenn es zehn Abgeordnete im Dorf gibt, dann sind drei oder vier von ihnen immer von uns. Das Einzige ist, dass wir jetzt Probleme mit Wasser haben. Früher gab es in jedem Hof einen Brunnen. Und jetzt ist das Wasser salzig."

In der Nähe von Wasjukiwka gibt es Salzbergwerke, und seit der Abbau Richtung Dorf vorrückt, ist das Wasser in den Brunnen richtig salzig geworden. Dieses Problem wird uns in mehr als einem Haus geschildert.

In Jasims Zimmer sitzen neben seiner Frau sein 29-jähriger Sohn Akif und die Enkel, der zehnjährige Laçın und der dreijährige Yusuf. In den Armen ihrer Schwiegertochter brabbelt ein acht Monate altes Mädchen, Orzugul. Um das Haus herum ist ein gepflegter Hof, gepflegte Wege, Tannen wachsen. Die Familie der türkischen Mescheten ist vollständig im örtlichen Leben verwurzelt. Die militärischen Realitäten haben jedoch alles wieder verändert.

Mit Beginn der Kampfhandlungen zogen die türkischen Mescheten aus Slowjansk, Mykolajiwka und Debalzewe nach Wasjukiwka. Im Sommer 2015 lebten in jedem Haus des Dorfes zwei oder drei vertriebene Familien. Die Leute schlugen Zelte auf und bauten Hütten auf der Straße. Wenn wir jetzt durch das Dorf laufen, ist es einfach, Leute in Overalls, Uniformen oder Schutzkleidung zu treffen, ebenso treffen wir auf Pyrotechniker, die Felder von Minen räumen. Der Boden ist übersät mit Granatsplittern.

Aber auch unter schwierigsten Bedingungen sind die türkischen Mescheten überraschend offen und gastfreundlich. Wir verließen das Haus des Gemeindevorstehers mit zwei Drei-Liter-Gläsern Tomaten und frisch gebackenem Paljanizja-Fladenbrot.

Im Haus von Zakaria-aka (das Suffix „aka" ist eine Form der respektvollen Anrede für angesehene Mitglieder der Gemeinschaft) werden auch Fremde wie die eigene Familie aufgenommen. Auf dem Tisch tauchen warme Speisen, Tee und Süßigkeiten auf. Von den ersten Sätzen an fließt das Gespräch so, als hätten sich beste Freunde getroffen. Wärme umhüllt uns, als befänden wir uns im wärmsten Winkel der Welt.

„Der Krieg hat niemandem etwas Gutes gebracht und wird es auch nicht bringen. Es muss Frieden über deinem Kopf sein", sagt Zakaria-aka.

Er umarmt seine Frau, mit der er seit vierzig Jahren zusammenlebt. Kinder rennen im Haus herum und der Besitzer zählt auf: „Ich habe fünf Kinder, vierzehn Enkelkinder und eine Urenkelin."

Es gibt genug Liebe für alle.

Jeden Freitag geht er in die kleine Moschee in Wasjukiwka, um zu beten. Während des heiligen muslimischen Monats Ramadan geht er täglich zum Beten. Jetzt gibt es im Dorf ein Problem, weil nur noch ein Mullah geblieben ist. Viele Menschen begannen, in die Türkei auszureisen.

Die Republik Türkei hat eine Resolution zur Aufnahme der meschetischen türkischen Flüchtlinge aus der Ukraine angenommen. In den Regionen Donezk, Luhansk und Charkiw leben noch 676 türkische Familien. In den Rajons Slowjansk, Lyman und Welyka Nowosilka gibt es 150 Familien. Bis letztes Jahr lebten in Wasjukiwka 364 türkische Mescheten, jetzt 222. Im Dezember 2015 organisierten die staatlichen türkischen Sozialdienste die erste Umsiedlungswelle. Jasims Tochter Malek lebt seit einem Jahr auf der anderen Seite des Schwarzen Meeres. In der Stadt Erzincan im Nordosten der Türkei weisen die Behörden den Migranten Unterkünfte von 150 qm zu.

„Sie geben alles, was man braucht“, sagt Zakaria-aka. „Löffel, Gabeln, Waschmaschine, Kühlschrank. Tritt ein ins Haus und lebe! Wegen meiner Tochter habe ich einen Fuß dort, einen Fuß hier.“

Bald soll eine zweite Umsiedlungswelle von 35 türkischen Mescheten aus der Ukraine stattfinden. Sie werden von Charkiw nach Erzincan geflogen.

„Ich habe hier gearbeitet, ich bin hier pensioniert worden. Die Seele will hier nicht weggehen“, gibt der Mann zu. „Ich will Frieden für die Enkelkinder. Ich möchte, dass der Krieg endet.“

Zakaria-aka steht auf und begleitet uns. Der Fotograf und ich, benommen von der Wärme des usbekischen Tees und der freundlichen Unterhaltung, gehen zum Ausgang. Der Hausherr öffnet die Tür und, als würde er sich an etwas Wichtiges erinnern, fügt melancholisch hinzu: „Im März kommen sie uns zu holen.“

P.S.

„Hallo Lesja?“

„Ja, Jasim, freut mich, Sie zu hören.“

„Glückliches neues Jahr!“

„Danke, ebenso. Aber Sie rufen mich an aus der Ukraine, ich habe in der europäischen Presse gelesen, dass alle türkischen Mescheten in die Türkei gebracht wurden.“

„Ach was, Olesya, wer will schon dorthin gehen. Vielleicht haben sie jemanden mitgenommen, aber wir sind hier. Hier.“

© Olesya Yaremchuk

Die Insel Gammalsvenskby

Maria setzt sich auf die Bank und atmet tief durch:

„Lesinka, setz dich. Meine Beine tun weh."

Ein Gehgestell, mit dem sich die Frau über den Hof bewegt, steht neben der Bank. Wenn sie weiter geht - zum Beispiel zur Kirche - dann humpelt sie mit einem Stock. Oder sie wird von ihrem Nachbarn Jon-Borier gestützt. Vor uns, direkt hinter dem Zaun, kann ich den Dnjpro sehen. Ein niedriges Haus, mit Kalk weiß getüncht, umgegrabene Beete und dahinter endloses Wasser. Wie auf einer Insel. Dies ist ein Ort, wo man nur schwer hinkommt, aber es lohnt sich. Die Straße ist voller Schlaglöcher, der Bus fährt äußerst selten. Das Dorf Smijiwka liegt hundert Kilometer von Cherson entfernt, in einem Winkel der Region.

Maria Malmas ist Schwedin. Ihre Vorfahren wanderten 1782 von der Insel Dagö ein, die früher zu Schweden gehörte und heute als Hiiumaa zu Estland gehört. Davor eroberte das russische

Reich den östlichen Teil des Baltikums, beim Frieden von Nystad musste Schweden unter anderem die Inseln Ösel und Dagö abtreten. Und zur gleichen Zeit wurden die Lande der heutigen Südukraine von den Türken zurückerobert. Katharina II. ordnete daraufhin die Umsiedlung der Schweden an, die sich ständig mit den russischen Landbesitzern stritten. Am Ende baten sie selbst darum in einer offiziellen Eingabe. Die Schweden wurden in den Süden der Ukraine geschickt, um das Land zu erschließen. Mehr als tausend Menschen machten sich auf einen schwierigen Weg, der fast dreitausend Kilometer weit war. Weniger als fünfhundert Menschen erreichten ihr Ziel, nachdem sie die ukrainische Steppe durchquert hatten. Die Schweden gründeten die Siedlung und nannten sie Gammalsvenksby, Staroschwedske.

Noll

Heute leben in Smijiwka, das vier Dörfer vereint - Gammalsvenksby, Schlangendorf, Mühlhausendorf und Klosterdorf -, Deutsche, Bojken, Polen, Moldauer, Finnen. Insgesamt leben in diesen Gebieten auf einer Fläche von sechsundneunzig Quadratkilometern vierzehn Ethnien.

„Als meine Vorfahren ankamen, war hier nichts“, sagt Maria Malmas, und ich frage mich, ob ich in ihr eine Schwedin erkannt hätte, wenn ich es nicht vorher erfahren hätte. Wohl kaum: Diese grauhaarige Frau im typischen Fabrikpullover könnte gut und gerne Ukrainerin sein.

Sie gruben sich Lehmhütten in den Boden und lebten in ihnen. Dann brachte der russische General Potemkin ihnen Schafe und Kühe. So haben sie sich eingelebt. Und bereits meine Großeltern hatten Pferde, Ochsen, eine Dreschmaschine.“

Vor langem wurden im Dorf eine Kirche und eine Bibliothek gebaut. 1804 bekam Staroschwedske Nachbarn: Deutsche kamen aus Württemberg und gründeten nebenan Schlangendorf. Sowohl die Schweden als auch die Deutschen lebten hauptsächlich vom Weizenanbau und von der Arbeit auf dem Land. Nach den felsigen Inselböden waren die hiesigen Böden für sie wie ein Segen.

„Meine Mutter Emma war elf Jahre alt und arbeitete bereits“, sagt Maria. „Die Schweden waren ihre eigenen Herren, niemand hatte Knechte. In jeder Familie gab es sechs, acht, zehn Kinder. Du gehst und hilfst einer Familie, und dann helfen sie dir. Hatte jemand nicht genug zum Säen, dann wurde ihm ein Sack mit Saatgut hingestellt, damit er sein Feld bestellen konnte. So lebten sie befreundet miteinander.“

Die Revolution im russischen Reich und die Hungerjahre unter bolschewistischer Herrschaft beunruhigten Schweden, das sich um seine Auswanderer sorgte. 1921 appellierte der Staat offiziell an Moskau, den Einwohnern von Gammalsvenksby die Rückkehr in ihre historische Heimat zu erlauben. Der Kreml begann zu verhandeln, die ukrainischen Schweden aber beeilten sich aber nicht sehr zu gehen: Hier waren ihre Häuser, bebaute Äcker. Dann reisten Emissäre von Stockholm nach Staroschwedske, um die Schweden zu überreden, die instabile Region zu verlassen.

Im Juni 1928 legten die Schweden bei einem Dorftreffen den ersten kollektiven Aufruf zur Auswanderung beim Rat der Volkskommissare der UdSSR vor. Das Dokument wurde von 492 Einwohnern unterzeichnet. Drei Abgeordnete übergaben es der republikanischen Regierung in Charkiw. Der Hauptgrund für die Auswanderung der Schweden war die unzureichende sowjetische Nationalitätenpolitik: „Wir erinnern Sie daran, dass Staroschwedske die einzige schwedische Kolonie in der UdSSR ist. In letzter Zeit haben wir uns Sorgen gemacht, dass unsere Kinder hier nicht die gewünschte Ausbildung in ihrer Muttersprache erhalten können. Auf den ersten Blick gewährte die Sowjetregierung den nationalen Minderheiten die gleichen Rechte wie allen Bürgern. Aber wir müssen feststellen, dass dies nicht der Fall ist. Wir haben keine Lehrbücher in unserer eigenen Sprache erhalten. Wir haben keinen Lehrer zugeteilt bekommen, der in der Oberstufe einer schwedischen Schule arbeiten könnte. Wir bestätigen, dass die Haltung der Ukrainischen Republik gegenüber nationalen Minderheiten im Allgemeinen nicht schlecht ist, aber wir müssen selbst einen Ausweg aus dieser Situation finden. Deshalb bitten wir im Namen von 240 schwedischen Familien um Ihre Erlaubnis, die Ukraine zu verlassen und in die schwedische Heimat zurückzukehren. Wir hoffen auf eine kostenlose Ausstellung von Pässen und eine ordnungsgemäße Bewertung der Häuser."

Die Verhandlungen über die Rücksiedlung dauerten ein Jahr, und im Juni 1929 erlaubte Moskau den Schweden die Ausreise. Das Schwedische Rote Kreuz bezahlte Visa, Reisekosten und Verpflegung. Die Rücksiedler passierten die Zollkontrolle im Seehafen Cherson. Ukrainisch-schwedische und deutsch-schwedische Familien begleiteten die Dorfbewohner in der Hoffnung, dass auch sie ausreisen könnten. Sie wurden jedoch abgewiesen: Sie hatten nicht die erforderlichen Pässe und Visa.

Am 22. Juli bestiegen die Schweden Psalmen singend den türkischen Dampfer „Firuzan" und nahmen Kurs in Richtung auf die rumänische Hafenstadt *Constanţa*.

Ett

Verwandte und Nachbarn sahen zu, wie das Schiff in See stach. Einige Reisende wurden ohnmächtig. Ein Mann starb an einem Herzinfarkt. Auf der langen Reise durch Mitteleuropa wurden die Kolonisten von einer zwölfköpfigen schwedischen Delegation begleitet: Rotkreuz-Mitarbeitern, zwei Ärzten, vier Krankenschwestern und Journalisten führender schwedischer Zeitungen.

Den Rücksiedlern wurden Barzahlungen versprochen, sie tranken unterwegs Kaffee und wurden bei ihrer Ankunft in Stockholm in einem Restaurant empfangen. Unter den Gästen war Prinz Carl. So wurden sie auf Gotland aufgenommen – einer Insel in Südschweden, die Dagö geografisch und klimatisch am nächsten liegt.

Die ukrainischen Schweden lebten sich jedoch nicht ein an dem neuen Ort. Sie kamen genau während der Wirtschaftskrise nach Gotland und dort wurden die Ankommenden als Einwanderer, Fremde wahrgenommen. Gleichzeitig stoppte die Sowjetunion die Propaganda nicht und überredete sie zur Rückkehr. „Ihr fragt, ob ihr Schweine und Hühner besitzen werdet. Natürlich werden sie euer Eigentum sein, wenn ihr sie euch kauft", heißt es in einer Erklärung des Arbeitskomitees für Fragen der schwedischen Siedlung. „Nur Ackerland wurde Kollektiveigentum. Häuser und Gärten nicht. Ihr fragt auch nach Traktoren. Im Moment gibt es 20 Traktoren im Dorf. Es gibt sogar Handwerksmeister, die sie im Falle eines Schadens reparieren."

Weniger als vier Monate nach dem Aufenthalt der ukrainischen Schweden in Gotland wandte sich eine Gruppe von Einwanderern unter Leitung von Petter Knutas und Woldemar Utas im November 1929 an die UdSSR, in die Ukraine zurückzukehren. Als Grund für diese Entscheidung bezeichneten sie diplomatisch ungünstige klimatische Bedingungen. Die Kolonisten gaben an, dass sie bereits einen gleichlautenden Brief im September geschrieben hatten, aber abgelehnt wurden. Sie erklärten sich bereit, dem benachbarten deutschen Dorfrat beizutreten, und fügten für alle Fälle hinzu: „Wir haben nichts gegen Kollektivierung und versprechen, alle Maßnahmen der Sowjetregierung zu unterstützen."

Die Schweden kehrten zurück. Leider war dies ein Geschenk an die sowjetischen Propagandisten: Sie nutzten diesen Fall als demonstrative Lehre für die deutschen Kolonisten, die ebenfalls eifrig fortzugehen beabsichtigten.

Im Winter 1931 berichtete die Zeitung *Radjanske Selo* (Sowjetisches Dorf), „Die Schweden sind in die Ukraine zurückgekehrt, um die Kommune Tscherwonoschwedske zu gründen." Eine Woche später wurde das Dorf Staroschwedske entsprechend umbenannt.

„Als meine Mutter nach Tscherwonoschwedske zurückkehrte, ging sie zur Schule", erinnert sich Maria Malmas. „Und dann kam das stalinistische Regime, meine beiden Großväter wurden weggeholt und nach Cherson gebracht. Dort wurde ihnen gesagt, sie sollten unterschreiben, dass sie Kulaken seien. Aber sie waren keine *Kulaken*, weil sie ihre eigenen Herren waren!"

Im Januar 1930 kündigte die zentrale Zeitung des Bezirks Cherson *Naddniprjanska Pravda* den Übergang zur universellen Kollektivierung und die Abschaffung der *Kulaken* als soziale Klasse an. Bis zum 1. März mussten laut Beschluss des Kreisausschusses der Partei hundert Prozent der landwirtschaftlichen Betriebe kollektiviert werden. „Wir haben weniger als zwei Monate Zeit: Keine Stunde, keine Minute darf verschwendet werden. Die Zeit ist um", wurden die Bewohner gewarnt.

Die Großeltern von Maria Malmas wurden ihres Eigentums beraubt, und 1932 brach in der Region eine Hungersnot aus. Die Schweden fragten erneut nach der Erlaubnis, nach Gotland zu ziehen, aber diesmal durften sie nicht. Von der Freundlichkeit, die das Moskau der 1920er Jahre den Schweden entgegenbrachten, war nichts mehr geblieben. Die Initiatoren der neuen Rücksiedlung wurden aus der Partei ausgeschlossen und in Arbeitslager geschickt.

Två

„Und dann kam 1941 der Krieg zu uns", sagt Maria, während der Wind vom Fluss immer stärker in Richtung ihres Hauses weht und uns zwingt, uns fester in unsere Kleidung zu wickeln. „Irgendwann im Herbst. Unsere Armee war noch auf der anderen Seite des Dnipro, aber hier bereits die Deutschen."

Die deutsche Wehrmacht besetzte das Dorf Tscherwonoschwedske und änderte seinen Namen erneut in Staroschwedske. Alles Sowjetische wurde zerstört, Denkmäler wurden niedergerissen, Straßen umbenannt. Gleichzeitig starteten die Nazis ein Programm zur Popularisierung Hitlers: Sie verteilten Plakate mit seinem Porträt an die Schweden, als sie ihnen als Mitgliedern der „Nordischen Rasse" volksdeutsche Ausweise ausgaben.

Die SS nahm die deutschen Kolonisten von Smijiwka, die zur Grundlage des zukünftigen „Deutschen Hauses im Osten" werden sollten, unter ihren Schutz. Wie Andrij Kotljartschuk in seinem Buch „In Stalins Schmiede: Schwedische Kolonisten der Ukraine in totalitären Experimenten des 20. Jahrhunderts" schreibt, wurden alle ethnischen Deutschen in der Ukraine in ein spezielles Register eingetragen, in die *Volksliste Ukraine*. Der Vater von Gustav, dem Nachbarn und Freund unserer Gesprächspartnerin Maria, stand ebenfalls dort. Jetzt ist Gustav taub, sagt wenig, lächelt aber freundlich.

Die Nazis beschlossen, die deutsche Kolonie nach rassischen und ideologischen Kriterien zu säubern. Von September bis November 1941 wurden unter dem Kommando von Paul Zapp und Heinrich Seetzen Tausende Zivilisten in der Nähe von Staroschwedske getötet. Auch die einzige jüdische Familie im Dorf, der Schuhmacher Jankel, wurde erschossen. Petter Utas wurde zusammen mit anderen Kommunisten festgenommen. Die sowjetischen Aktivisten wurden der Kollaboration mit dem NKWD beschuldigt und außerhalb des Dorfes erschossen. Die Nazis verboten das Begraben der Getöteten, ihre Leichen lagen eine Woche lang am Straßenrand.

„Als die Deutschen kamen, sah meine Mutter, dass in die Gürtelschnallen der Soldaten, die im Dorf eintrafen, ‚*Gott mit uns*' eingraviert war", erinnert sich Emil Nurberg, ein Dorfbewohner. „Da sagte sie, dass die Deutschen wahrscheinlich ein gutes Volk sind, wenn sie an Gott glauben. Wer hätte gedacht, dass sie sich als solche Teufel herausstellen würden?"

Im Oktober 1943 wurden die Bewohner der schwedischen Kolonie im Rahmen einer Sonderaktion der SS zur Umsiedlung der Schwarzmeerdeutschen nach Deutschland evakuiert.

„Die Deutschen haben alle aus dem Dorf vertrieben, alle mitgenommen. Ich war damals sechs Jahre alt", erinnert sich Maria Malmas. „Sie fuhren eine Pferdekarre vor unsere Tür. Und sagten: ‚Aufladen.' Und meine Mutter hatte fünf Kinder! Ich bin von 1937, dann kamen Anja, Allotschka, Elsa und Wanja. Er war erst sechs Wochen alt. Meine Mutter wollte nicht gehen, und der Deutsche sagte zu ihr: ‚Ich weiß, was man mit dir macht! Glaubst du, die Kugel tut mir leid?' Und legte die Waffe an.

Oma rief: ‚Emma, komm zur Besinnung, lass uns gehen, lass uns gehen.' Eilig warf sie auf den Karren Kissen, Federbett, ein wenig Mehl in einem Sack, ein wenig Zucker. So luden sie alle ein, und da für Maria, die älteste, kein Platz mehr war, ging sie mit der Oma zu Fuß. Hand in Hand.

Ständig weinte jemand auf dieser *Britschke*: Ein Kind wollte essen, eines trinken. Es waren doch kleine Kinder!", teilt Maria mit. „Wir gingen in die Westukraine, nach Kowel. Wir standen dort lange, es war schon Schnee gefallen, es war kalt. Als wir anhielten, gab uns meine Mutter etwas zu essen: ein bisschen Wasser, ein bisschen Zucker – und ein schwedischer „*Petzel*"-Lutscher kam heraus. Die Kinder bettelten: „*Petzel, Petzel*!" Sie machte ein Feuer und machte sie auf irgendeinem Eisenblech. Das kann man nicht beschreiben, man muss es sehen."

Die Familie wurde dann in einen Zug nach Polen und von dort nach Deutschland gesetzt. Bei der Ankunft wurden sie auf „Rassenreinheit“ überprüft. Den Ergebnissen zufolge wurden die Neuankömmlinge verteilt: einige in Arbeitslager, einige in das Tal des polnischen Flusses Warta (Warthe), wo eine neue Kolonie entstehen sollte, einige in andere Siedlungen.

„Wir haben im Dorf Walbeck gelebt“, erinnert sich Maria. „Wanja hat dort bereits begonnen, zu gehen. Sie gaben uns kleine Häuser. Meine Mutter arbeitete beim *Bauer* mit den Karotten, und Großmutter ging zur Arbeit in die Steppe. Dann fing ich an zu lernen, Großmutter konnte bereits Deutsch und begann mir zu helfen. Ich begann Deutsch zu sprechen! Wir hatten ja doch Deutsche in Smijiwka.“

Wir haben wohl im jetzigen bundesdeutschen Land Sachsen-Anhalt gewohnt. Aber nach dem Krieg wurde die schwedische Familie zurückgeschickt.

Tre

„Uns wurde gesagt, es sei Zeit nach Hause zu fahren. Erneut im Zug. Und wir endeten im Norden.“

„Bei uns im Norden?“, frage ich.

„Ach was, in Workuta!“, antwortet die alte Frau. „Wir hätten unsere Familie verlassen und seien in Deutschland gewesen. Verräter. Wir dachten, sie würden uns in die Ukraine bringen, aber sie brachten uns nach Norden. In Deutschland gingen wir in unseren Stoffschuhen, aber wir kamen an und es war dort fast minus fünfzig Grad unter null. Sie brachten uns in so langen Baracken unter.

Die Cherson-Schweden sowie die *Volksdeutschen* wurden nach Komi geschickt. Den NKWD-Offizieren wurde die Aufgabe übertragen: „die unzuverlässigen Elemente in gewissenhafte Erbauer der sozialistischen Gesellschaft zu verwandeln.“

Die Schweden wurden zu zehn Jahren Haft verurteilt.

Andrij Kotljartschuk zitiert die Erinnerungen von Emma Malmas, Marias Mutter: „Als wir in Komi ankamen, war es 50 Grad unter null. Wir waren alle leicht angezogen, die Kinder hatten keine

Winterkleidung. Mir wurde klar, dass meine Kinder hier sterben mussten. Wir lebten alle in Erdhöhlen, in denen auch andere Gefangene lebten. Für die Norm der täglichen Produktion, das Einkommen also, konnte man nur ein Kilogramm Brot kaufen. Kinder und ältere Menschen erhielten Karten für 300 Gramm Brot pro Tag. Und es war kein richtiges. Als ich es den Kindern zum ersten Mal gab, spuckte mein Sohn es aus und sagte: ‚Mama, was ist das?'"

Im ersten Winter in Komi verlor Emma Malmas zwei Kinder. Elsa starb drei Wochen nach ihrer Ankunft. Auf der Sterbeurkunde steht: ‚Asthenie'. Die sechsjährige Anna starb im April 1946 an Tuberkulose. Die anderen Kinder – Maria, Alla und Ivan – hatten Glück und überlebten.

Emma arbeitete wie alle schwedischen Frauen beim Holzfällen, weil die Männer einst in den Krieg eingezogen worden waren. Als Leute von der schwedischen Brigade ausgewählt wurden, um eine Sperrholzfabrik zu bauen, kam ein Ingenieur zu ihnen. Dieses Treffen wird in Emmas Worten im Buch „In Stalins Schmiede" beschrieben.

„Sein Name war Anderson, er war groß und elegant gekleidet. Er hörte uns Schwedisch sprechen und sagte zu uns:

‚Guten Tag! Seid ihr Schweden?!'

‚Ja, wir sind Schweden.'

‚Aber warum seid ihr hier?'

‚Wissen wir nicht, Schweden hat nicht gekämpft.'

Weißt du, das ist nicht gerecht, das ist ein Irrtum", erinnert sich Maria, Emmas Tochter: „Dieser Schwede war gebildet. Dann sagte er: ‚Ich werde nach Moskau schreiben.' Die Polizei kam, registrierte uns und sagte, wir seien frei."

Fyra

1947 kehrte die Familie zurück nach Staroschwedske. Dort begann die zweite Hungersnot.

„Weißt du was *Makucha* ist, Lesinka?" Das ist, wenn die Sonnenblumen wachsen und sie dann zu Öl geschlagen werden, dann bleiben diese Samenhäute übrig und werden gepresst. Das hatten wir. Wer welche hatte, kam und teilte. Ich hatte eine Freundin und sie hatte einen Vater. Und wer einen Vater hat, dem ging es schon immer besser. Sie teilte mit mir. Ich wurde nie dafür kritisiert, schwedisch zu sein. Wir sind alle zusammen zur Schule gegangen. Dass wir uns gestritten oder gekämpft haben, das gab es niemals! Dann gingen wir zur Arbeit und in die Baumwolle. Ich war elf oder zwölf Jahre alt."

Die Kinder erhielten Schürzen, mit denen sie auf das Feld gingen und säten: Sie streuten die Getreidekörner schmale Furchen.

„Und der Vorarbeiter stand am Rande und sah zu, dass, Gott bewahre, keine ein Samenkorn in den Mund steckte!", erzählt Maria empört. „Und unsere Mütter gingen hinterher und glätteten die Erde mit einem Rechen."

1951 siedelte Stalin Bojken aus der Westukraine nach Smijiwka um: In der Sowjetunion wurde alles unternommen, um Völker und subethnische Gruppen zu assimilieren. Die Neuankömmlinge kamen aus den Dörfern Berehy Dolischni (Brzegi Dolne), Lodyna (Łodyna) und Nanowa, die heute zu Polen gehören.

„Als die Ukrainer kamen, gingen sie auch mit uns zur Schule", sagt Maria. „Ich habe mit ihnen Ukrainisch gesprochen. In der Schule und auf der Straße Ukrainisch, und sobald ich die Schwelle des Hauses überschritt, Altschwedisch. Meine Mutter hatte einen starken Akzent, man hörte, dass sie keine Ukrainerin war. Erst als meine Kinder zur Schule gingen, lernte sie das Alphabet und das Lesen."

Die Sprache, die die Schweden in Smijiwka sprechen, ist Altschwedisch, das in der historischen Heimat bereits vergessen wurde. Diese Tatsache interessierte den schwedischen König, 2008 kam er zu Besuch. Vor der Ankunft von Carl XVI. oder Carl Gustaf Folke Hubertus wurde die Straße asphaltiert und die Wasserversorgung repariert. Seinerzeit machten die Einheimischen Scherze: „Er soll wiederkommen, vielleicht werden sie auch Gasleitungen bis hierher legen."

„Ich sprach mit ihm. Er trug einen so einfachen Anzug", Maria zeigt ein Foto, das einen großen Mann und eine große Frau in einem lila Kleid zeigt, Königin Silvia. „Menschen aus der ganzen

Oblast kamen hierher und dachten, er würde in königlicher Kleidung kommen. Und er kam als gewöhnlicher Mann. Damals waren wir viele Schweden, also haben wir ihm Lieder vorgesungen."

Vor zehn Jahren waren hier etwa hundert Schweden, heute sind es dreizehn. Dennoch unterstützt Schweden Smijiwka sehr aktiv: Plastikfenster im Kindergarten, gepflegte Zimmer und Spielzeug für Kinder, Renovierungen und neue Möbel in Schule und Pflegeheim, Krankenhausausstattung, Bibliotheken, neue Ausstattung für das Sprachlabor, sogar Ikonen für die Orthodoxen Kirche – alles mit Unterstützung des skandinavischen Staates.

Und einmal besuchte Maria Malmas selbst Schweden. Sie und ihr Bruder besuchten 1975 Tante Alwina, die nach dem Umzug von 1929 dort blieb.

„Tante Alwina hat für uns Visa beantragt, sie haben sie nur mir und Wanja genehmigt. Derjenige, der in Moskau das Visum ausgestellt hat, wusste nicht, dass in der Ukraine Schweden leben. Er sagte: ‚Ach was? Woher seid ihr, ihr Schweden?' Es war so interessant! Tante Alwina hat uns in Stockholm getroffen, und dann sind wir nach Gotland gefahren, wo meine beiden Schwestern sind. Dann sah ich ihre Schwangeren: die Oberteile kurz, der Bauch nackt, irgendwelche Leggings. Für mich war das ein Schock. Mein Gott, wir haben unseren Bauch mit einer Schürze bedeckt, damit es niemand sah. Damit niemand böse Blicke warf!" Sie lacht.

Maria hat zwei Kinder und vier Enkelkinder, die in Nowa Kachowka, Dnipro, Charkiw und Kyjiw leben. Ihr Sohn bewirtet uns in der Küche, schenkt frisch gekochte Hühnerbrühe ein. Lässt uns schwedischen Kaffee kosten. Den Kaffee brachte der Nachbar, Jon-Borier, der Maria in die Kirche führt. Übrigens gibt es im Dorf drei Kirchen: eine griechisch-katholische, eine lutherische und eine orthodoxe. Letztere hält ihre Gottesdienste im Gebäude der schwedischen lutherischen Kirche, die 1786 erbaut wurde.

Jon-Borier selbst wurde in Malmö geboren und lebte dort, aber vor einigen Jahren beschloss er, etwas zu ändern und zog in die Ukraine. Auf meine Frage nach dem Grund antwortete er, dass er hier einfach gerne lebe. Er kümmert sich um seine Felder und sein Haus, geht zur Messe. Er verehrt Maria sehr und schaut ständig, ob sie Hilfe braucht.

Die Frau klagt nicht.

„Mir geht es gut, Lesinka, mir geht es gut“, sagt die 81-jährige Maria Malmas. „Nur meine Beine tun mir ständig weh. Sie sind nach Deutschland gelaufen.“

© Serhij Poleschaka

Tag des Lehrers

„Aber denkst du nicht, ich bin ein Separatist?“ Wassyl Tutunaru lächelt, obwohl er mich auch misstrauisch ansieht. „Alle sagen, Rumänen seien Separatisten. Das stimmt aber nicht!“ Er spricht jedes Wort klar aus.

Im Bezirk Herza der Region Czernowitz, wo Wassyl sein halbes Leben lang unterrichtete, sind mehr als 90% der Bevölkerung ethnische Rumänen. Im vergangenen Jahr gab es hier 27 Schulen für 33.000 Einwohner, von denen nur zwei Ukrainisch als Unterrichtssprache hatten. Mit der Bildungsreform ist bereits die Hälfte der Schulen ins Ukrainische übergewechselt. Auf den Straßen befinden sich rumänische Ladenschilder, und am häufigsten hört man Rumänisch. Wenn Sie jedoch einen Passanten auf Ukrainisch ansprechen, wird er größtenteils auch so antworten.

Auch der Chefredakteur der *Gazeta de Herța*, Wassyl Byku, wechselt problemlos zwischen den Sprachen. Er ist Rumäne, obwohl er einen moldauischen Pass hat.

„Mein Bruder und meine Schwester wurden als Rumänen registriert, und aus irgendeinem Grund bin ich Moldauer“, sagt er. „Einfach, weil diejenigen, die im Bezirk Herza in der Zeit der Sowjetunion geboren wurden, als Rumänen registriert wurden, und die weiter nördlich im Bezirk Hladkiwka als Moldauer. Automatisch. Obwohl die Sprache die gleiche ist und die Menschen die gleichen sind."

Wassyl Byku veröffentlicht die rumänischsprachige *Gazeta de Herța* seit 1993. Zuerst lieferte er sie selbst in die Dörfer. Derzeit hat die Zeitung eine Auflage von 3.300 Exemplaren.

„In den Bezirken Hlybotschyzja und Nowoselyzja fügen wir eine ukrainische Version hinzu, aber sonst macht es keinen Sinn, sie auf Ukrainisch herauszugeben, weil 99% der Leser rumänischsprachig sind", erklärt er.

Jetzt schreiben sie in Herza mit lateinischen Buchstaben und lesen rumänische Literatur. Dies war jedoch nicht immer der Fall.

„Manchmal gab es absurde Verbote", erinnert sich der Herausgeber. „Es kam so weit, dass wir an der Universität die gleichen Klassiker wie in Bukarest lasen: Mihai Eminescu, Ion Creangă, Vasile Alecsandri, sie waren genehmigt, durften aber nur in Kyrillisch gelesen werden. Und wenn man bei jemandem hier seine Werke in lateinischen Lettern fand, konnte man von der Universität fliegen, das Etikett eines Nationalisten erhalten."

Herza ist das kleinste Bezirkszentrum der Ukraine. Heute leben nur noch zweitausend Menschen in der Stadt, obwohl es vor dem Zweiten Weltkrieg mehr als achttausend waren. Nach dem Krieg konnte die Einwohnerzahl nicht wiederhergestellt werden. Die Menschen starben an der Front. Als die Nazis hierher kamen, erschossen sie einen großen Teil der jüdischen Bevölkerung. In der Mühle, in der die Opfer versammelt wurden, sind noch die Einschusslöcher von den Kugeln zu sehen. Unter Stalin wurden die Rumänen nach Sibirien deportiert. Die Macht änderte sich hier schnell und oft.

Wassyl Byku zählt auf:

„Meine Urgroßeltern wurden in der Republik Moldau geboren, der Urgroßvater in Rumänien, der Großvater in Österreich, die Eltern aber in der Sowjetunion. Ich ebenso. Wir sind aber nirgendwohin ausgereist", er lacht.

Wама

„Tretet ein“, sagt Wassyl Tutunaru und bittet uns, das niedrige Tor zu passieren. „Heute ist hier eine Schule, aber bis 1946 beherbergte dieses Gebäude den Zoll zwischen dem Königreich Rumänien und der Österreichisch-Ungarischen Monarchie. Kaum zu glauben, aber alles ist erhalten. Nur der Putz ist frisch und die Fenster sind aus Plastik.“

Das Gebäude befindet sich im Dorf Mamorniza Wama, in der Nähe von Herza. „Wama“ bedeutet auf Rumänisch „Zoll“. Die Dachveranda wird getragen von blau gestrichenen geschnitzten Säulen. An der Wand ein Flachrelief: ein Porträt des Dichters Gheorghe Sion, ein Einheimischer. Die Grenze der beiden Monarchien lag auf diesem Stückchen Land. Die Stadt war schon immer an der Grenze.

Obwohl der Bezirk Herza oft als Teil der historischen Bukowina angesehen wird, war er tatsächlich eine eigenständige Einheit namens Herza-Land. Dieses Gebiet gehörte zunächst zum Fürstentum Moldau, ab 1859 zum Vereinigten Fürstentum Walachei und Moldau und ab 1866 zu Rumänien. Bis zur Unterzeichnung des Molotow-Ribbentrop-Paktes.

1940 forderte die Sowjetunion die „Rückgabe“ nicht nur Bessarabiens, sondern auch eines Teils der Bukowina. Sowjetische Panzer besetzten Czernowitz und zogen weiter nach Süden. Vierzig Kilometer über die Ebene, es gab fast keine Gegenwehr. Laut Einheimischen rückten nur drei Soldaten aus, Herza zu verteidigen. Sie wurden auf der Stelle getötet.

Laut Wassyl Tutunaru kamen die sowjetischen Truppen auf Einladung einheimischer Juden hierher. Sie glaubten nämlich, dass es ihnen in einem kommunistischen Staat, der von vielen Menschen jüdischer Herkunft geführt wird, besser gehen würde. Ob das nun stimmt oder nicht, bis zur zweiten Hälfte der 1940er Jahre gab es in Herza keine Juden mehr. Die einen wurden rausgeschmissen, die anderen getötet.

„Meine Mutter war damals noch keine zehn Jahre alt, aber sie erinnerte sich an alles“, sagt die ehemalige Lehrerin. „Sie erinnerte sich, dass sie hörte, die sowjetische Armee würde kommen.

Alle begaben sich auf die Flucht. Sie nahmen Leiterwagen, füllten die Taschen - nur ein bisserl Mehl - und gingen los. Sie fuhren nur fünf Kilometer, und die Russen umzingelten sie alle von Seiten des rumänischen *Iași*. Sie holten sie ein und schickten sie zurück. Die Rumänen hatten Angst vor den Russen. Weil sie Sachen wegnahmen, das Vieh, sich grobschlächtig benahmen. Die Sprache war anders, alles an ihnen war fremd."

An diese Ereignisse erinnern auch Olena Apetris Großmutter, Kollegen und Schüler von Wassyl Tutunaru.

„Großmutter Maria sagte, als es Gerüchte gab, dass die Russen kommen, da weinte ihre Mutter. Dann betrat unser Onkel das Haus und sagte: ‚Warum weinst du? Vielleicht wird es eine Veränderung zum Besseren geben?' Großmutter freute sich über den Frieden und materiellen Wohlstand. Aber es tat ihr weh, dass es nicht möglich war, in die Kirche zu gehen", teilt Elena mit.

Trotz allem gaben die Menschen den Glauben nicht auf.

„Ich erinnere mich, wie ich, als die Kirche bereits zerstört worden war, mit einer Freundin mit einem brennenden Streichholz dorthin ging, um nachzuschauen. Es war gruselig. Jetzt verbietet niemand zu glauben, aber es gibt auch keinen starken Wunsch danach. Und mich haben sie dafür einmal vorgeführt. Als ich in der zweiten Klasse war, nahm mich Opa Ion mit zur Erstkommunion. Und dann mussten wir uns in der Schule aufstellen. Ich wurde vor allen herausgerufen und ausgeschimpft. Sie statuierten ein Exempel, damit andere dies nicht nachahmten."

Rom

Der Spruch *„Bine ati venit"* (Willkommen) begrüßt uns im einzigen Lyzeum im Bezirk Herza mit rumänischer Unterrichtssprache. Seit 1962 war hier ein nationales Internat für Kinder aus der ganzen Ukraine, heute ist es ein Lyzeum, das nach Gheorghe Asachi, einem rumänischen Schriftsteller aus Herza, benannt ist. Hier studierte O-lena Apetri. Wenn er sich dem Gebäude nähert, ergreift Wassyl Tutunar eine leichte Nostalgie, das Gefühl eines Menschen, der mehr als zwanzig Jahre für eine Sache hergegeben hat.

„Genau hier habe ich gelehrt. Aber dann kam es so, dass ich nach Italien ging“, stottert er. „Ich habe etwas Geld mitgebracht.“

Der Mann ballt heftig die Faust.

„Ich war überwältigt von dem Verlangen nach Geld oder so. Ich dachte, ich würde für ein halbes Jahr gehen. Zunächst holte ich Waren in Rumänien zum Verkauf und verkaufte sie auf dem Kalyniwskyj-Markt.“

Auf den 35 Hektar großen Kalyniwkskyj-Markt in Czernowitz kommen Verkäufer und Käufer aus dem Umland und aus dem Ausland.

„Und dann kam 1998 die Krise. Der Dollar stieg rapide. Im Februar konnte eine Sache 4 Hrywen 50 Kopeken kosten, und im September nur 80 Kopeken. Ich habe das schnell erkannt und mein Geschäft eingestellt. Aber es gab immer noch eine Verschuldung gegenüber Lieferanten in Höhe von 900 Dollar. Ich hatte nicht so viel Geld. Um es zurückzuzahlen, habe ich mein Auto verkauft.“

Danach ging er nach Tschechien.

„Zu dieser Zeit sprach noch niemand von Italien, alle gingen in die Tschechische Republik, um Geld zu verdienen. Sie zahlten ungefähr 300–400 Dollar pro Monat. Aber die Leute, für die ich arbeitete, schienen mir nicht seriös zu sein, und ich versuchte, einen Job über eine Firma zu bekommen. In Czernowitz habe ich einen Mann gefunden, der mir eine Firma empfahl. Und er fügte hinzu: ‚Ach, was willst du in Tschechien, geh nach Italien. Da sind nur wenige von unseren Leuten und die Einkünfte sind ganz anders.‘ Dann machten sie für 160 Dollar ein Visum für mich und brachten mich nach Italien. In einem Ford.“

So sah der Rumäne Wassyl Tutunaru zum ersten Mal Rom.

„Es war der 7. Februar. Wir waren acht Mann im selben Auto. Ich wollte die Grenze sehen und schaute, wann wir ins Land kamen. Wo ist der Zoll? Und sie sagten mir: ‚Ej, wir sind schon seit zwei Stunden in Italien.‘ Das beeindruckte mich.“

Als der Lehrer am Ort ankam, bekam er eine Stelle beim Leiter der Abteilung für Allgemeine Chirurgie der Universität Rom, Professor Francesco Ricardelli. Als Gärtner.

„Ich hatte damals sechzehn Jahre Unterrichtserfahrung, aber was sollte ich tun. In wenigen Monaten lernte ich Italienisch. Die Sprachen sind ähnlich. Dann ging ich auf Vorschlag des Professors in ein Haus für Menschen des dritten Lebensalters arbeiten. Dort blieb ich elf Monate. Aber ich wurde vom Lyzeum Herza zurückgerufen und kehrte zurück."

Mailand

In Herza begann Wassyl neben „seiner" rumänischen Sprache und Literatur zusätzliche Unterrichtsstunden: Er unterrichtete Rechtswissenschaften und Wehrerziehung, weil er selbst gedient hatte.

„Und dann weiß ich nicht, was mit uns passiert ist", er schaut traurig auf die Tasse Kaffee. „Meine Frau Maria ging auch nach Italien. Und ist schon achtzehn Jahre dort."

Maria kommt mehrmals im Jahr nach Hause, hat aber bereits einen italienischen Pass. Und damit gibt es für sie jede Menge Arbeit im Ausland. 2001 plante sie, mit einer jüdischen Familie, in der sie arbeitete, nach Tel Aviv zu ziehen.

„Aber unsere Tochter hat damals die elfte Klasse beendet und meine Frau bat darum, an ihrem Schulabschluss teilzunehmen. Jetzt arbeitet meine Tochter schon lange im Kinderkrankenhaus Czernowitz. Sie hat eine medizinische Ausbildung, sie schloss ihr Studium mit Auszeichnung ab. Zwei Jahre hintereinander wurde sie die beste Krankenschwester der Stadt", erzählt unser Gesprächspartner stolz.

Die Familie investierte ihr ganzes Geld in die Zukunft der Kinder.

„Anfangs wollte meine Frau nur sechs Monate gehen", sagt Wassyl. „Wir haben angefangen, einen Zaun zu errichten und dann einen ‚Pelzmantel' an den Wänden des Hauses anzubringen. Dann gab es eine komplette Renovierung."

Einige Jahre später wurde dem Lehrer die Stelle eines pädagogischen Didaktikers in Czernowitz angeboten.

„Ich denke, werde ich eine Wohnung in Czernowitz mieten? Meine Frau sagt: ‚Kaufen wir eine Wohnung, damit du mit den Töchtern dorthin gehen kannst.' Ich sage: ‚Fein.' Wir haben eine

Wohnung gekauft, aber ich habe den Posten abgelehnt, verdammt noch mal, so eine Position. Wisst ihr, wie niedrig das Gehalt eines Methodikers ist?"

„Als nächstes sagte Maria: ‚Kaufen wir eine Wohnung für die ältere, weil sie beleidigt sein wird.' Kauften wir also noch eine Wohnung."

„Und als Marias Arbeitgeberin starb, gaben sie ihr einundzwanzigtausend Euro", sagt Wassyl. „Und sie dachte nach, wie wir das Geld am besten verwenden sollten."

Da schlug sie vor: „Und was ist mit uns, werden wir weiter in diesem alten Haus leben? Lass uns eine neues bauen."

„Wir haben ein neues Haus und eine Garage gebaut", erinnert er sich mit einem völlig unglücklichen Blick. „Jetzt mag ich überhaupt nicht mehr ans Bauen denken. Womit verbringen wir unser ganzes Leben?"

Nach den Renovierungen und Bauarbeiten begann dem Mann das Herz weh zu tun.

Das Herz

„Irgendwann rief die Tochter die Mutter nach Hause", sagt Wassyl. „Denn als Maria ging, war sie noch in der ersten Klasse. Jetzt ist sie bereits sechsundzwanzig. Mama kam, aber man muss dies und jenes kaufen, irgendwoher Geld bekommen ... Die Kompromisse endeten, Mama ist wieder im Ausland."

Wassyl seufzt.

„Als die Mädchen aufwuchsen, hatte ich keine einzige freie Minute. Ich erlaubte mir weder zu trinken noch zu rauchen. Ich brachte die eine Tochter zur Schule, fuhr zur anderen nach Czernowitz und dann zurück. Und so im Kreis. Achtzehn Jahre ohne Frau zu leben, findet ihr das gut? Und als meine erste Tochter groß wurde, gab es kein Skype. Gelegentlich konnte ich sie mit dem Handy anrufen. Meine Frau ist sozusagen ständig hinter der Mauer: Sie hat ihr Kind nicht aufwachsen sehen. Als Vater habe ich alles für meine Töchter getan, aber es war schwierig für mich. Mama ist doch Mama."

Als Lehrer half Wassyl seinen Töchtern immer beim Lernen.

„Aber als das kleine Mädchen einmal zur Mathematik-Olympiade nach Czernowitz ging, hörte sie: ‚Schon wieder diese Rumänen, man muss sie übersetzen.' Sie war der Typ, der Dinge nicht vergaß, der nachdachte. In ihr wuchs ein gewisser Ärger: Warum sprach man so über sie?"

Es gibt viele Stereotypen. Obwohl 320.000 Rumänen in der Region Czernowitz leben, sind es insgesamt 460.000 in der gesamten Ukraine. Nach diesem Vorfall ging Wassyls Tochter nach Bukarest, wo sie sechs Jahre verbrachte. Jetzt arbeitet die älteste Tochter von Wassyl Tutunaru als Zahnärztin und die jüngste als Administratorin in einer Kosmetikfirma. Manche finden einen Job vor Ort oder in Czernowitz, aber 30–40% der Bevölkerung gehen von Herza ins Ausland, um dort zu arbeiten.

„Jetzt haben zumindest Männer angefangen zu gehen. Vorher waren es nur Frauen. Das ist so beängstigend. Es war so, dass der Mann, wenn er zu Hause blieb, alles vernachlässigen und vor die Hunde gehen lassen konnte. Ich weiß nicht, woher diese Mentalität kommt. Vielleicht hat mich die Armee diszipliniert, vielleicht die Arbeit, aber wenn du zu Hause bist, dann arbeite. Es hat mich schrecklich wütend gemacht."

Die Einwohner von Herza gehen entweder fort als Gastarbeiter oder wandern aus, wenn die Möglichkeit besteht, eine rumänische Staatsangehörigkeitsbescheinigung als ethnische Rumänen oder gar einen rumänischen Pass zu erhalten.

„Die Leute beantragen bei uns Pässe allein mit dem Ziel, um Geld zu verdienen. Denn wenn du einen rumänischen Pass hast, kannst du offiziell eingestellt werden, sonst nicht. Es gibt keine Massenausgabe von Pässen, das ist eine Lüge. Hör mal, meine Tochter bewirbt sich seit 1990 um einen rumänischen Pass, aber sie hat bis jetzt noch keine Antwort erhalten! Stattdessen schlägt Rumänien die Wiederherstellung der Staatsbürgerschaft vor. Immerhin gehörte das hier bis 1940 zum Königreich Rumänien. Haben uns etwa die Sowjets gefragt, ob wir ein Teil von ihnen sein wollten?"

Wassyl Tutunaru selbst reist mehrmals im Jahr nach Bukarest, um etwas zu kaufen, oder einfach nur, um sich umzusehen.

„Als ich meine Tochter zum ersten Mal mitnahm, sah sie mich mit großen Augen an: ‚Papa, hier spricht jeder rumänisch.' Ich war glücklich. Wenn du dort bist, fühlst du dich nach ein oder zwei Wochen zu Hause."

Einen Kilometer von Herza entfernt ist ein Grenzaußenposten, sechs Kilometer weiter der Kontrollpunkt. Bis zur Grenze ist es nur eine Hand weit. Die Stadt stand immer am Scheideweg. Das Wort „Herza", das vom dem deutschen „Herzen" stammt, erfasst ihr Wesen: Diese Stadt ist das Herz der Handelswege.

Wasser

„Ich sage mir immer, lass dich nicht täuschen. War es früher etwa besser als heute? Nein, jetzt ist es besser. Wie in Italien oder Deutschland wird es nicht gleich werden. Unsere Leute gehen nach Italien, weil die Sprache ähnlich ist und sie gut bezahlen. Im Jahr 2003 konnte eine Person dreitausend Euro pro Monat bekommen. Wo verdienen Sie bei uns so viel?"

Die Häuser zeigen die nicht schlechten Einkünfte der Einwohner von Herza. Hier und da sieht man ein modernes Dach, einen geschmackvollen Zaun oder sogar ein neues großes Haus. All dies für Geld, das aus der Europäischen Union mitgebracht wurde.

„In der Ukraine sind die Gehälter leider sehr niedrig", seufzt Wassyl. „Ich habe den Eindruck, dass die Abgeordneten nicht wissen, wie viel Brot kostet."

Selbst in Italien ist es laut Tutunaru billiger.

„Wir sind Wasser." Wasser sucht sich seinen Weg. Aber unter einem ruhenden Stein fließt kein Wasser. Und die Arbeit wird sich nicht von selbst erledigen. Wir brauchen nichts, gerade genug, damit ein Mensch in Würde leben kann.

Jetzt erzieht Wassyl bei einem Kloster Kinder mit Behinderungen. Er arbeitet gerne mit der jüngeren Generation. Aber er sehnt sich sehr nach dem Lyzeum zurück, weil er hier seine jungen Jahre verbracht hat.

„Du kannst dir nicht vorstellen, wie schön es ist, Schüler zu unterrichten und mit ihnen zu sprechen. Man kann das mit nichts ersetzen", gesteht er.

Heute ist Tag des Lehrers. Es ist Sonntag, das Lyzeum ist geschlossen, aber er möchte länger in seiner Nähe verweilen.

Wassyl geht langsam und streicht seine schwarze Jacke zurecht. Er hat es nicht eilig: Seine Frau ist in Italien, eine der Töchter besucht sie, die andere Tochter ist in Czernowitz. Warum nach Hause zurückkehren?

Er begrüßt Passanten, nimmt Glückwünsche zum Tag des Lehrers entgegen. Er mag keine Blumen, lehnt alle Geschenke ab, auch meine Schachtel mit Bonbons. Stolz spricht er über den Erfolg des Lyzeums von Herza: Von 368 Bildungseinrichtungen aus der ganzen Region belegte es nach Ergebnissen einer externen unabhängigen Bewertung der ukrainischen Sprache den neunten Platz.

© Olesya Yaremchuk

Die Zertrennten

Das Gebet ist von weitem zu hören. Ich laufe in dichtem Nebel und konzentriere mich auf das Singen. Ich nähere mich, öffne eine schwere Holztür: Zur Frühmesse in Mali Selmenzi haben sich mehr als zwei Dutzend Menschen versammelt. Einfach gekleidet, in bequemen grauen oder schwarzen Mänteln. Und man könnte denken, dass dies eine gewöhnliche Kirche in einem typisch ukrainischen Dorf ist. Bis das Ohr die Worte vernimmt.

In Mali Selmenzi sind genauso wie in Welyki Selmenzi 95% der Bevölkerung ethnische Ungarn. So war und so ist es seit mehr als sechshundert Jahren, seitdem diese Dörfchen existieren, und fast so viele Jahre lebten die Menschen von Selmenzi als eine einzige Gemeinschaft: Sie teilten sich eine Schule, einen Friedhof und eine Kirche. Auch während der Weltkriege, als Transkarpatien zur Tschechoslowakei oder zu Österreich-Ungarn gehörte. Alles änderte sich 1946, als der östliche Teil der Siedlung an die Sowjetunion und der westliche Teil an die Tschechoslowakische Sozialistische Republik abgetreten wurde. Die Selmenzi brachen sie wie einen Laib Brot in zwei Hälften.

Dutzende von Verwandten und Freunden, die jeden Tag miteinander sprachen, konnten sich jetzt nur noch durch ein hohes Gitter mit Stacheldraht sehen. Um Neuigkeiten mitzuteilen, sangen Menschen lauthals eigens komponierte Lieder oder warfen Hühner mit Notizen unter den Flügeln über den Zaun. Um Verwandte zu besuchen, reisten sie für ein Visum nach Uschhorod oder Košice, überwanden 150 Kilometer statt ein paar Meter und warteten wochenlang auf die Genehmigung. Die Erlaubnis konnte auch verweigert werden.

Wegen dieses Stacheldrahts winkte die Braut in einem weißen Kleid ihrer Mutter zu und konnte sie nicht umarmen. Hinter dem Draht verabschiedeten sich die Leute von den Toten und schauten auf den Sarg auf der anderen Seite der Grenze. Hinter dem Draht sahen die Großmütter zu, wie ihre Enkelkinder heranwuchsen. Es dauerte neunundfünfzig Jahre. Selbst als der Eiserne Vorhang vor langer Zeit fiel, hielt das an.

„Hier ist die Grenze. Das Dorf ist nur acht Meter entfernt", ein älterer Mann zeigt mit der Hand aus dem Fenster seines Hauses im Rahmen des Dokumentarfilms *Hranica* des slowakischen Regisseurs Jaroslav Vojtek. Der Film von 2009, für den Geschichten von Menschen von beiden Seiten der Grenze aufgenommen wurden, ist sogar für einen „Oscar" nominiert worden. Er zeigt gut die Absurdität der Situation. Auf dem schmalen Grundstück, auf das der Mann hinweist, befinden sich ein hoher Zaun, zwei Grenzpfähle, zwei Schranken, ein gepflügter Streifen und ein paar stirnrunzelnde Grenzsoldaten.

Diese Grenze war einzigartig in der Sowjetunion: Sie verlief innerhalb einer einzigen Siedlung. Das Haus, in dem Kateryna Tovt, ein Gemeindeglied der Kirche, zu der ich an diesem Sonntagmorgen ging, wohnt, kann auch als einzigartig bezeichnet werden.

Das erste Haus an der Grenze

„Unser Haus hieß in der gesamten Sowjetunion als das erste Haus an der Grenze. Allerdings war unsere Familie darüber nicht sehr glücklich", sagt Kateryna in gebrochenem Ukrainisch.

Erst jetzt, am späten Abend konnten wir uns zu einem ausführlicheren Gespräch treffen. Das Licht einer Straßenlaterne fängt Katerynas graue Stirn, dunkle Kleidung und liebes Gesicht ein. An der Schwelle des Dorfladens, dessen Schild sich seit der Sowjetzeit nicht geändert hat, unterhalten wir uns fast zwei Stunden lang. Und wir hätten das Gespräch mindestens bis zum Morgen fortsetzen können.

Kateryna, Tochter von Margit Mundok und Vintse Tovt, erinnert sich gut an ihre Kindheit. Und wie die Grenzschutzbeamten verboten, abends das Licht anzuschalten, und wie sie sie zwangen, die Vorhänge vor den Fenstern zur slowakischen Seite zu schließen. Und an den Eimer im Haus, der anstelle einer Toilette benutzt wurde, weil es nachts nicht möglich war, nach draußen zu gehen: Ausgangssperre. Und die Art und Weise, wie ihr Vater jeden Morgen gezwungen war, das Land an der Grenze zu pflügen, damit Spuren sichtbar wurden, wenn jemand versuchte, den Streifen illegal zu überqueren.

„Und all das unbezahlt. Dankt dafür, dass wir euer Haus nicht abgerissen haben. Es gab nur eine symbolische ‚Auszeichnung': rote Fahnen für gewissenhafte Arbeit" lächelt die Frau. „Und Vater erhielt ein Gehalt und arbeitete als Traktorfahrer in der örtlichen Kolchose. ‚Weg zum Kommunismus' hieß sie."

Die Tatsache, dass das Haus der Familie Vintse Tovt am nächsten an der Grenze lag, fügte dem Familienbudget weitere Ausgaben hinzu: die launigen Wünsche des Militärs.

„Am Tag der Armee musste meine Mutter Hühner schlachten. Mein Vater kaufte einen *Palenka* (Wodka)", erzählt Kateryna. „‚Fühlen Sie sich wie zu Hause', sagten wir ihnen. Obwohl wir anschließend oft nichts zu essen hatten. Die Soldaten gaben für alles keinen Kopeken."

Dies wurde jedes Jahr wiederholt.

Ergineni Tovt, die Großmutter unserer Gesprächspartnerin, lebte auf der anderen Seite in Welyki Selmenzi. Bei ihrer Beerdigung konnten sich Verwandte nur durch den Zaun verabschieden.

„Die Soldaten standen dort", erinnert sich Kateryna. „Sie sagten, wir könnten nur zuschauen und leise reden. Berühren bereits nicht."

Verstöße gegen die Regeln wurden schwer bestraft. Keiner der Bewohner fühlte sich sicher. Zu jedem Zeitpunkt konnte für jeden eine peinliche Befragung beginnen. Der ungarische Autor Miklós Szalai schreibt in einem Buch über Selmenzi: „Ein Moskauer Soldat, ein tschechischer Soldat, ein ungarischer Soldat - egal welcher: Du musst immer wissen, was du sagen sollst. Halte eine fesselnde Geschichte bereit. Und anschließend sich am besten betrinken."

Dutzende Einheimische starben in Konzentrationslagern, insbesondere in der Nähe von Swaljawa. Das sowjetische Militär versicherte, dass sie nur „für leichte Arbeiten" losgeschickt würden und sagte, dass sie in drei Tagen zurückkehren würden. Sie kamen nicht zurück. Oft nur weil sie Ungarn waren.

„Mein Großvater ist so gestorben", sagt Kateryna. „Sie kamen wegen meines Vaters, aber er war erst siebzehn Jahre alt. Also bat mein Großvater darum, ihn mitzunehmen. „Meine Beine sind wund. ‚Sie werden das sehen und mich schnell nach Hause gehen lassen', sagte er der Familie."

Eins zu wenig

In dem anderen Dorf, Mali Selmenzi lebten sie wie die übrigen sowjetischen Dörfer: Kolchosen, Fabriken, Aufmärsche am 1. Mai.

„Ich habe 1979 die Schule beendet und musste sofort zur Arbeit", sagt Kateryna. „Ich habe fünfzehn Jahre in einer Bekleidungsfabrik gearbeitet, dann eine Arbeit als Putzfrau in der Schule bekommen und bin seit dreiundzwanzig Jahren dort. Mein Mann war wie mein Vater Traktorfahrer. Er wäre fast an seinen Verletzungen gestorben, ist jetzt behindert und ich arbeite alleine in der Familie. Meine Tochter hat geheiratet und lebt jetzt zwanzig Kilometer von hier entfernt im ungarischen Dorf Kisgejőc. Und der Sohn ist in Ungarn. Er liebte Mathematik so sehr, er wollte gerne studieren! Aber bei der ukrainischen Sprachprüfung musste er 124 Punkte erzielen, und er hatte etwas weniger als 123. Er jobbte zuerst als Barkeeper in Uschhorod und ging dann nach Ungarn, um in einer Fabrik zu arbeiten."

Das Schicksal von Tovts Sohn wurde von Dutzenden anderer junger Ungarn aus Mali Selmenzi wiederholt. Die lokalen Gehälter entsprechen nicht den ungarischen. Die meisten Menschen sprechen Ungarisch besser als Ukrainisch: In Budapest oder Debrecen finden sie leicht einen Platz unter der Sonne. Kateryna, so seltsam es auch von ihren Lippen klingen mag, sehnt sich zurück nach den Sowjetzeiten. Da gab es sowohl Stabilität als auch Wohlstand. Aber jetzt bestenfalls die Möglichkeit, jede Woche Verwandte im slowakischen Teil von Selmenzi zu besuchen. Die Frau nähert sich der Grenze von der ukrainischen Seite und dreht sich immer nach links, zum Lebensmittelladen. Ihre Augen fangen unwillkürlich die Veränderungen an dem Haus auf, das ihnen einst gehörte. 1999 verkaufte die Familie Tovt „das erste Haus der Sowjetunion an der Grenze" für nur zweihundert Dollar. Wer hätte gedacht, dass in sechs Jahren die Grenze geöffnet sein und der Handel an diesem Ort florieren würde.

Das Loch im Zaun

1999 hofften nur wenige Menschen in Selmenzi auf die Grenzöffnung. Die Staaten änderten sich, der Eiserne Vorhang war gefallen, aber hier wurde bestenfalls die Ausgangssperre aufgehoben. In den neunziger Jahren kümmerten sich sowohl in der Slowakei als auch in der Ukraine nur wenige Menschen um das kleine ungarische Dorf. Die Dinge kamen erst im August 2000 in Bewegung, als die Dorfvorsteher beider Selmenzi Petitionen an die *Federal Union of European Nationalities* und an die Innenministerien der Slowakei und der Ukraine schickten.

„Heute, in einer Zeit der europäischen Integration, in einer Zeit, in der sich die Beziehungen mit hoher Geschwindigkeit entwickeln, ist es schwer vorstellbar, dass eine ähnliche Situation wie die der beiden Selmenzi legal bleibt", heißt es in der Petition der Bewohner des ukrainischen Teils der Siedlung. „Wir bitten darum, dass es dem geteilten Dorf ermöglicht wird, die vor mehr als einem halben Jahrhundert zerbrochenen Familienbande wiederherzustellen. Wir, die Menschen in Kisszelmenc - Mali Selmenzi - und Welyki Selmenzi, hoffen aufrichtig, dass dieser beispiellose Fall im Europa des 21. Jahrhunderts auf unsere Anfrage hin gelöst wird."

In den Petitionen baten sie um die Erlaubnis, die Grenze an zwei Tagen in der Woche, dienstags und freitags, überqueren zu dürfen. Seinerzeit erreichten sie das Geforderte nicht, aber auf es wurde auf das Problem aufmerksam gemacht. Ein Jahr später, am 55. Jahrestag der Selmenzi-Trennung, versammelten sich Anwohner an der Grenze zu einer Kundgebung. Im Film *Hranica* wird dokumentiert, wie die Menschen auf beiden Seiten Parolen rufen, persönliche Nachrichten aus ihrem Leben mitteilen, weinen. Die Stimmen verschmelzen zu einem herzerweichenden Stimmengewirr.

In den folgenden Jahren fand die Situation rund um das Dorf weltweit eine große Aufmerksamkeit. Auf Initiative amerikanischer Ungarn wurde dieses Thema sogar im US-Kongress diskutiert. Selmenzi wurde verglichen mit Berlin nach dem Zweiten Weltkrieg: mit einer Stadt, aufgespalten auf verschiedene Staaten. Die Ukraine und die Slowakei vereinbarten, einen Fußgängergrenzübergang einzurichten.

Am 2. August 2005 durchtrennten ukrainische Grenzbeamte feierlich den letzten Abschnitt des Stacheldrahts, der so viel Leid verursacht hatte. Die Dorfbewohner gewannen ein neues Leben.

Der Kontrollpunkt, die Nähe der beiden Siedlungen zueinander und das Preisgefälle eröffneten zwischen den beiden Ländern die neueste Seidenstraße. Autokarawanen, sogar aus Bratislava, fahren gen Osten, parken auf einem Parkplatz hundert Meter von der Grenze entfernt und stehen stundenlang da, während ihre Besitzer billige Schuhe, Kleidung, Haushaltschemikalien, Brautkleider, Spielzeug, Kekse kaufen, alles, was sie mit den Händen forttragen können.

Die Bewohner von Mali Selmenzi fühlten sich schnell wie Unternehmer. Einige betrieben selbst Handel, andere vermieteten

Häuser oder angrenzende Grundstücke. So verdienten sie einhundert oder zweihundert Euro im Monat.

„Die Ordnung des Friedens und des Wohlstands brachte weder das erste noch das zweite. Der große Bruder erwies sich als nicht so freundlich. Die kommunistischen Parteien der beiden Länder haben nicht über Selmenzi gesprochen, sie haben offenbar die Probleme nicht bemerkt", heißt es auf der Webseite von Welyki Selmenzi über die Geschichte der Grenze.

„Wenn wir Slowaken oder Ukrainer wären, wäre das Problem sofort gelöst worden. Aber wer braucht uns hier, Ungarn?", fragt der Mann im Film *Hranica,* der anlässlich der Öffnung der Grenze ein Glas Schnaps hinunterkippt. „Übrigens, warum erklangen bei der Zeremonie die ukrainische und slowakische Nationalhymne, die ungarische aber gab es nicht?"

In der Wand zwischen den beiden Selmenzi ist eine Tür aufgetaucht. Aber wenn man darüber nachdenkt, dass an dieser Stelle einst ein leerer Platz war, dann fühlt sich die Tür an wie ein Dorn im Auge. Die Menschen trinken auf bessere Zeiten und die Ungarn träumen davon, dass die Ukraine dem Schengen-Raum beitreten und die Grenze, die die Gemeinschaft trennt, ganz verschwinden wird. Dann wird die Gemeinde wieder eins sein.

Einstweilen sind beide Teile des Dorfes wie die Schildkröten auf dem Wappen von Welyki Selmenzi. Absolut identisch, stehen sie Gesicht an Gesicht. Aber berühren können sie sich nicht.

Der Text wurde zuerst in der Online-Ausgabe „ Твоє Місто" veröffentlicht.

© Roman Potapenko

Olha Petriwna, die Baronin

Kaum schiebt sie nur leicht die Tür auf, da scharen sich bereits die Kinder um sie herum. Ihre Augen funkeln: Was, heute? Die Besucherin macht einen ruhigen und selbstbewussten Schritt ins Zimmer und begrüßt alle in der großen Familie: Kristina, Zarina, Julia, Wassylij, Lidija, Sonja, Schura, Ljalja.

„In diesem Haus wohnt die Leiterin der Roma-Gemeinde", sagt sie stolz. Als Antwort lächelt Kristina, die Empfängerin des Komplimentes, freundlich. Ein wenig verlegen richtet sie den zu einem Dutt zusammengesteckten Zopf gerade. Der Zopf ist dick, stark, schwarz. Wie sagt man: Schwarz wie der Erdboden? Schwarz wie die Nacht?

„Ja, unser Leben hat sich vor ein paar Jahren dramatisch verändert", gibt Kristina Hordijenko zu, einer der Motoren der Roma-Bürgerbewegung in Torezk, und wirft Kohle in den Ofen. Heiß und rotglühend, erwärmt sie allein schon beim Ansehen den Leib nach dem schrecklichen Frost.

„Nicht nur unser Leben, wir selbst haben uns verändert", sagt sie. „Warst du schon einmal früher in unserem Lager?"

Das Lager

Die Roma-Siedlung in Torezk ist vor dem Hintergrund einer Stadt mit 70.000 Einwohnern winzig. Zehn Straßen, mehr als zweihundert Familien. Eine Welt, in der das Leben jenseits von üblichen Zeit- und Raumvorstellungen verläuft. Die Bergbaustadt im Donezk-Gebiet, die bis vor kurzem noch Dserschynsk hieß, ist vier Kilometer entfernt von der Frontlinie. Dies erklärt, warum die Einheimischen bei jedem abrupten Geräusch ängstlich um sich schauen. Manchmal wird der Beschuss hier fortgesetzt. Üblicherweise nachts.

„Tagsüber schießen sie nicht", warnten sie mich entweder oder beruhigten mich vielleicht vor der Fahrt.

Torezk ist eine Stadt ohne unnötige Feinsinnigkeit. Rechte Winkel, geometrische Strenge der Landschaft, Die Straßen scheinen mit dem Lineal gezogen zu sein. Die Arterien der Straßen führen uns vom Herzen der Stadt in die abgelegenen Gebiete. Eines von ihnen heißt „Lager" oder „Ghetto". Roma-Ghetto. Hinter der Abraumhalde schauen niedrige Häuser mit Schieferdächern und farbigen Fensterläden und Holzzäunen hervor. Dieses Gebiet wird seit mehreren Generationen von Roma bewohnt. Manche machen einen Bogen um das Gebiet an der zehnten Straße, andere haben keine Ahnung von seiner Existenz, obwohl es einen Kilometer vom Rathaus und gegenüber dem Polizeigebäude liegt. Eine geschlossene, isolierte Gemeinschaft hat wenig Kontakt zur Außenwelt. Eine Frau hat es jedoch geschafft, mit ihr eine Beziehung zu knüpfen.

Ein Traum

Blond, lebhaft, dynamisch. Olha Petriwna Rudenkos blaue Augen sind voller Energie. Wir sitzen seit einer Stunde zum Mittagessen an der örtlichen Tankstelle, und ich komme immer noch nicht über die Schuld der Verspätung hinweg. Die Straße von Kostjantyniwka ist wie ein Sieb voller Löcher, es war nicht so einfach, hierher zu kommen. Diese Frau weiß wohl am besten über die Roma in Torezk Bescheid, sie kümmert sich seit vielen Jahren kontinuierlich um sie, obwohl sie in keiner Blutsverwandtschaft mit ihnen steht.

„Als Kind erinnere ich mich, dass ich diesen großen Teppich über dem Bett hängen hatte“, erinnert sich Olha Petriwna. „Ich komme aus einer großen Familie und musste immer zu Hause arbeiten: Ich habe mit meiner Mutter Gärten umgegraben, angelegt, mich um das Vieh gekümmert. Nach der Schule (und ich habe übrigens sehr gut gelernt) half ich Mama im Haushalt. Abends legte ich mich müde auf das Bett und starrte auf den hellen Samteppich an der Wand. Es zeigte einen großen Ozean mit einem Boot und eine Burg mit einem Innenhof. Da saßen Musiker, und eine Schwarze mit einer Blume im Haar und in einem knallroten Rock tanzte mit einem Tamburin in der Hand. Als ich mir diese wundervollen Helden ansah, erfand ich alle möglichen Geschichten. Manchmal habe ich von dieser Tänzerin geträumt. Ich erinnere mich, dass ich ein Buch über Zigeuner schreiben wollte. Warum kam diese Idee einem zehnjährigen Mädchen in den Sinn? Ich weiß es nicht. Das Einzige, was ich damals wirklich über Zigeuner sah und wusste, war, wie ein alter Zigeuner auf einem Pferd ritt und Kämme, pfeifende Vögel und andere Kleinigkeiten auf der Straße verkaufte. Als ich bereits erwachsen war und ihr hartes Leben sah, weinte etwas in mir.“

Klopfet an und euch ...

Olha Petriwna arbeitete zwanzig Jahre in der Stadtverwaltung und gründete 2005 die Nichtregierungsorganisation „Soziale Absicherung“. Zusammen mit Gleichgesinnten begann die Aktivistin, Veranstaltungen für die Roma abzuhalten. Sie kam in das Roma-Lager und begann nach ihren Worten „an die Zauntür zu klopfen“. Sie sammelt die Kinder ein für die Schule, nimmt sie mit zu außerschulischen Aktivitäten, organisiert nachbarschaftliche Reinigungen, hört sich Probleme der Roma mit der Stadtverwaltung an und versucht, sie mit den Ansprechpartnern zu lösen.

„Denn wie reagieren die normalerweise auf eine Zigeunerin, die ins Büro kommt?" Olha Petriwna ist empört. „Sie schmeissen sie sofort hinaus. Als ich sie besser kennenlernte, begann ich zu verstehen, wie viele Probleme sie hier daheim haben, sie können nichts erreichen. Niiichts", betont die Bürgeraktivistin. Das wunderschöne geblümte Kopftuch rutscht ihr herunter auf die Schultern.

„Eines Tages kamen zwei kleine Zigeunermädchen zu mir, um zu betteln", erinnert sie sich. „Sie hießen Lida und Isabella. Ich habe ihnen immer so viel geholfen, wie ich konnte. Habe sie gewaschen, angezogen, gespeist. Ich hatte Geschenke für die Kinder, und die Mädchen machten sich über mich lustig und sagten: ‚Es ist, als gäbe es niemanden, dem man sie geben könnte!' Es gibt so viele Zigeunerkinder im Lager, dass sie diese Geschenke aus den Händen reißen werden! So gerieten wir in die Roma-Gemeinschaft, wo wir einen Feiertag mit der Kirche Jesu Christi veranstalteten. Die Kinder bekamen Geschenke und alle verschwanden. Es gab drei Roma-Frauen, die zu mir kamen, sich für alles entschuldigten und baten: ‚Olha Petriwna, verlass unsere Kinder nicht!' Unter freiem Himmel, im Gras, bildeten wir zwölf christliche Klassen mit Roma-Kindern und lernten ihre Familien kennen. So begann unsere Freundschaft."

Aufgrund der Tatsache, dass die Roma sehr isoliert leben, haben viele in der Stadt von dem Lager keine Ahnung. Olha Petriwna selbst gibt zu, dass sie einige Zeit nichts von ihnen wusste. Obwohl die Stadtverwaltung, in der sie arbeitete, einen Kilometer entfernt liegt. In der Vergangenheit versuchten die Roma, das Lager nicht unnötig zu verlassen. Sie unterhielten sich nur untereinander und mit Nachbarn.

„Die Kinder, mit denen ich gesprochen habe, unabhängig davon, ob sie sechs oder vierzehn Jahre alt waren, haben Russisch nicht sehr gut verstanden", sagt Olha. „Und Ukrainisch sprachen sie überhaupt nicht. Sie unterhielten sich nur in ihrer Zigeunersprache. Im ganzen Lager gab es ungefähr zehn Lese- und Schreibkundige", seufzt sie. „Manche konnten vielleicht schreiben ‚Hallo Mama, hallo Papa'."

Eines der Probleme der Stadt sind Drogen. Sie werden oft über Roma verkauft. Später erfuhr ich, dass auch die Leute um Olha Petriwna darunter litten. Aber das Unglück erweckte bei dieser Frau nicht Hass, sondern den Wunsch zu helfen.

Zum ersten Mal kam die Aktivistin im Juli 2012 in das Lager und hat seitdem nicht aufgehört, sich um die Roma zu kümmern.

„Ich liebe sie einfach so. Ich kann es nicht erklären. Dies ist meine von Gott gewollte Berufung."

Hinter dem Zaun

„Ich habe angefangen, mit den Roma-Kindern zu arbeiten", erinnert sich unsere Gesprächspartnerin. „Es gibt Mütter, die im Gefängnis gesessen haben. Es gibt Kinder, die in Gefängnissen geboren wurden."

Ein Hindernis für das Verständnis ist, dass man die Sprache der Roma fast unmöglich lernen kann. Die Roma-Gemeinde hier ist wie in jedem Land sehr geschlossen.

„Sie sind ‚hinter dem Zaun'", erklärt die Aktivistin. „Was sie hinter ihm sehen konnten, das tun sie. Uns bringt Mama alles bei, Erzieher in Kindergärten, Lehrer in der Schule und so weiter. Mama sagt: Das kannst du, das darfst du nicht, das kannst du so machen, das darfst du nicht. Wer und was unterrichtet aber ein Roma-Kind, wenn die Mütter selbst nicht unterrichtet wurden? Eine inhaftierte Mutter und ein Kind, das von einer Tante, einem Onkel oder jemand anderem aufgezogen wurde – was können sie vom Leben wissen? Das ‚Zigeunerleben' in dem Sinne, wie wir uns das üblicherweise vorstellen, stellt sich als eine Schutzbehauptung heraus. Das kommt von der Ablehnung" ist Olha überzeugt. Der Menschenrechtsaktivistin zufolge ist der erste Schritt, den wir alle tun müssen, anzuerkennen, dass die Roma die gleichen Rechte haben wie alle anderen.

„Zuerst müssen wir sie annehmen und mit der Umsetzung der Nationalen Roma-Strategie beginnen."

Gemäß der *Strategie zum Schutz und zur Integration der nationalen Minderheit der Roma in die ukrainische Gesellschaft bis 2020* sollten die Roma rechtlichen und sozialen Schutz erhalten, sollten ihr Bildungsniveau und ihre Gesundheitsversorgung gefördert werden, ihre Wohnbedingungen verbessert werden und so weiter.

„Sie haben das gleiche Recht auf Zugang zu allen Ressourcen wie wir", betont die Aktivistin.

Olha Petriwna organisierte im Torezker Theaterstudio „Jahori" für Roma-Kinder optionale Kurse an der „Schule der Güte". Sie kam ins Lager, ging in jeden Hof, wartete darauf, dass die Kinder aßen, sich wuschen und Schuhe anzogen. Oder sie wusch und zog sie selbst an. Dann führte sie sie zur Schule.

„Meine Freunde und ich haben die ‚Schule der Wohltat' gegründet, um Roma-Kindern eine einfache Sache beizubringen: Liebe füreinander, für die Welt um sie herum. Die Kinder waren anfangs unorganisiert, Analphabeten und schlecht gekleidet. Sie hatten die Angewohnheit, in Flüchen zu sprechen. Und mit solchen Flüchen, die selbst Erwachsene nicht sprechen", seufzt sie traurig. „Um die Entwicklung von Kindern von vier bis selbst zwanzig Jahren zu beschreiben, erzähle ich dir von einem Fall, bei dem wir ihnen vorgeschlagen haben, ‚Taschentuch' zu spielen. Dies ist ein Spiel, bei dem die Kinder Händchen halten und im Kreis stehen, der Spielleiter sagt ein Sprichwort, die Kinder laufen und sie müssen das Taschentuch auf jemanden legen, das dann wieder anderen hinterherlaufen muss. Als wir sagten: ‚Macht einen Kreis', wussten die Kinder nicht, was ein Kreis ist. Kannst du dir das vorstellen?"

Olha erklärt dies durch die soziale Unterentwicklung der Kinder. Im Unterricht wird jungen Roma sogar das Träumen beigebracht. Die Frau ist überzeugt, dass ein Kind, wenn es keine Träum hat, depressiv wird und anfängt, Alkohol oder Drogen zu konsumieren. Schließlich wird es uninteressant zu leben. Olha Petriwna begann, Roma-Kinder nach ihren Träumen zu befragen. Sie hatten keine Träume.

„Sie konnten keine Verbindungen zwischen Dingen herstellen, weil sie keine Assoziationsketten bilden konnten. Was macht zum Beispiel ein Apotheker, Gärtner, Baumeister? Die Kinder hatten keine Ahnung. Das Problem ist, dass sie wirklich, wie in einem Ghetto, sozial isoliert lebten und mit niemandem sich unterhielten. Die Kinder sprechen Zigeunersprache, hören manchmal

Russisch. Sie kommen zur Schule, dort ist aber alles auf Ukrainisch. Zum Beispiel kommt ein sechsjähriges Kind zur Schule und die Lehrerin sagt zu ihm: ‚Zieh morgen warme Socken an und nimm einen Regenschirm, denn es wird regnen und wir werden in die Stadt gehen.' Vielleicht kennt es immerhin noch Socken. Aber einen Regenschirm? Das Kind hat keine Ahnung, was das ist, weil es das in seinem Haus noch nie gab. Es gibt nichts in ihrer Vorstellung außer einer Mutter, die raucht und alle anschreit. Als wir ins Lager kamen, sahen wir, wie die Kinder spielten. Weißt du, wie sie gespielt haben? Sie nahmen Erde und bewarfen sich damit", Olha Petriwna gestikuliert lebhaft, um ihre Emotionen zu zähmen. „Es ist so lange her, dass ich es selbst nicht glauben kann."

„Wie kann man Kinder motivieren, zur Schule zu gehen, ihnen Ordnung beibringen und sozialisieren?", fragt die Aktivistin. „Tanja ist zur Schule gegangen, sie ist anders als alle anderen, deshalb zieht sie mehr Aufmerksamkeit von Kindern auf sich. Und neben der Tochter des Minendirektors, die wie eine Puppe gekleidet ist, fühlt sich ein Roma-Kind völlig gedemütigt und von den Gleichaltrigen erniedrigt. Die Roma-Kinder brechen die Schule ab, weil sie keine Chancengleichheit mit anderen Kindern haben."

Heute hat die Verantwortung der Eltern, ihren Kindern eine qualitativ hochwertige Bildung zu bieten, erheblich zugenommen. Das bedeutet nicht, dass alle Roma-Kinder nun so eilig zur Schule gelaufen sind, dass man vergeblich auf sie daheim wartete. Es gibt jedoch ernsthafte Fortschritte.

„Es ist notwendig, dass die Pädagogen die Herangehensweise an die Bereitstellung von Bildung ändern. Man muss das Kind für das Lernen zu interessieren", denkt Olha laut.

„Zuerst hat niemand an mich geglaubt", sagt sie. „Heute gehen Kinder häufiger und mit größerer Lust zur Schule, weil ihnen bereits etwas gelingt, sie haben Disziplin, Ordnung und Benehmen gelernt."

Jetzt besuchen die Torezker Roma Schulungen, Rundtischgespräche, Präsentationen, nicht nur in ihrer Stadt, sie gehen auch nach Kyjiw, Tschernihiw, nehmen an Projekten der *International Renaissance Foundation* und der ukrainischen *Helsinki Human Rights*

Union, teil. 2016 wurden elf Roma-Aktivistinnen Mitglieder der Helsinki-Vereinigung.

„Als Freiwillige helfen sie mir, humanitäre Hilfe zu verteilen, und nicht nur an Roma. Wir haben ein Zigeunerensemble gegründet, ‚Romane Tschengeria', und eine Jugendgruppe von Roma-Künstlern, ‚Rote Rose'. Ich bin überzeugt, dass die soziale Unterentwicklung weder die Schuld von Kindern noch von Eltern ist. Um diesen Teufelskreis zu durchbrechen, müssen wir der jungen Generation helfen. Ich habe die Stadtgemeinde dazu gebracht, sich mit Roma-Themen zu befassen. Außerdem haben wir heute solche Roma, die in die Kirche gehen. Das sind sehr großmütige Menschen."

Schwester Sonja

Eines der Häuser im Lager ist ordentlich weiß getüncht. Jeder weiß, dass eine „Nonne" darin lebt. Sonja Tscherepowska wurde hier geboren und verbrachte auch all ihre 62 Jahre hier. Ihre Eltern durchstreiften einst die Region Charkiw und zogen später hierher. Die unverheiratete Frau. Sonja lebt nicht in einem Kloster, aber führt ein klösterliches Leben: Sie geht in die Kirche, kümmert sich um ihren bescheidenen Haushalt, kümmert sich um Brüder mit Behinderungen, kümmert sich um die Kinder ihrer Schwester. Während wir in ihrer Küche mit einem niedrigen grauen Herd sitzen, rennen zwei Kleine ins Zimmer, die sechsjährige Mascha und die achtjährige Sabrina. Die Älteste selbst bietet Hilfe an: „Oma, komm, ich wische den Fußboden." Ein höfliches, lächelndes Mädchen, ganz und gar nicht wie die Roma, die unsere engstirnigen Vorstellungen es oft nahelegen.

In einem bescheidenen, aber nun sauberen Raum stehen auf dem Tisch ein Samowar- und ein Wasserfilter. „Das hat unsere Organisation ‚Soziale Absicherung' dank der Freundschaft mit ‚CrimeaSOS' als humanitäre Hilfe für die Roma erhalten und verteilt. Vielen Dank an sie!", erzählt die Gastgeberin.

Die Armut in Torezk zu überwinden ist schwer. Sonja zum Beispiel erhält 900 Hrywen pro Monat. Ein Sack Kohle, der für ein oder zwei Tage zum Heizen eines kleinen Hauses ausreicht, kostet aber 60 Hrywen. Fünfzehn Tage, nicht einmal einen Monat, und das Geld ist alle. Und das ist nur für das Heizen. Sonja hat früher als „Reinigungskraft" in der Schule gearbeitet, jetzt ist sie im Ruhestand, sie hat keine Möglichkeiten zum Nebenverdienst. Viele Familien stehen am Rande des Überlebens. Stillende Frauen behelfen sich mit dem Reinigen und Knacken von Nüssen. Sie kaufen Nüsse für 40 Hrywen, reinigen und knacken sie, verkaufen sie für 60–80 Hrywen. In anderen Städten werden zum Vergleich geknackte Nüsse für 170–200 Hrywen verkauft.

„Aber trotz der miserablen Lebensbedingungen betteln die Roma in Torezk jetzt nicht", sagt Olha Petriwna. „Auf der Straße werden Sie keine vernachlässigte Zigeunerin treffen, die Geld ‚quetscht'."

In den paar Tagen in Torezk haben wir solche Roma nicht wirklich getroffen.

„Es ist nicht genug Geld da für alles", beschwert sich Sonja, „aber wir überleben, so gut wir können. Beten hilft."

Ihr gegenüber hängt ein Kalender mit dem Bild der Gottesmutter. So ist es auch in vielen anderen Häusern dieses Lagers.

Außerhalb der Zeit

Während ich ein Roma-Haus nach dem anderen besuche, fühle ich mich jedes Mal, als würde ich ein unberührtes Gebiet betreten. Ohne die Begleitung des Fotografen und von Olha Petriwna hätte ich wahrscheinlich auch Angst gehabt. Vielleicht würde ich die Kamera näher an mich halten, das Geld in den Innentaschen verstecken und mich umsehen, ob uns nicht jemand folgte. Vielleicht würde ich Angst haben, ihnen in die Augen zu schauen. Schließlich weiß jeder: „Schau bloß nicht in die Augen." Stereotype führen zu echten Ängsten.

„Wir müssen aufhören, Angst zu haben", sagt Olha. „Wir sollen sie akzeptieren und Kontakt aufnehmen."

Wie kann sich eine Gemeinschaft in die Gesellschaft integrieren, wenn auf sie a) mit Angst, b) mit Verachtung, c) mit Hass reagiert wird? Das Leben dieser Menschen spielt sich wie auf einer einsamen Insel außerhalb unserer Zeit ab. Bis vor kurzem gab es in

Roma-Häusern keine Uhren. Es gibt hier keine Geschäftstreffen, dringende Angelegenheiten, Fristen. Wenn die Kinder nicht zur Schule gingen, müsste man nicht einmal früh aufstehen.

Jetzt heißt es genau um Sieben aufstehen. Um halb acht muss man im Unterricht sein.

„Ich muss früher aufwachen, um den Ofen anzuzünden", sagt Kristina Hordijenko, die Roma-Leiterin. „Es gibt nicht immer Brennholz. Die Minen bei uns sind geschlossen, es gibt keine Kohle. Die *Kopanky* - wilde Kohlegruben - schlossen. Wie soll ich das Haus heizen? Wie soll ich das Kind zur Schule bringen?"

Kristina hat eine Uhr an der Wand. Schon seit drei Jahren. Unablässig tickt sie, treibt an. Die ganze Familie versammelte sich im Haus des Solisten des Ensembles „Romane Tschengeria". Sonja, Ljalja, Schura, Tanja, Zarina sitzen zusammen, als würden sie einander wärmen. Daneben Julija. Sie hat ein Pferd, das einzige im Lager, es heißt Tatarka.

„Das Wichtigste, was wir gelernt haben", sagt Kristina, „ist, dass es neben dem Zuhause noch etwas anderes gibt. Wir haben soziale Arbeit verrichtet. Es ist schwer während des Krieges. Familien mit vielen Kindern, die Walnüsse als zusätzliches Einkommen verkaufen, das Kindergeld verzögert sich um bis zu sechs Monate - wie soll man leben, wie überleben? Ich habe einen Weg gefunden. Wir haben den Behörden angeboten, die Stadt von Müll zu säubern, und die Behörden haben mit humanitären Lebensmittelpaketen bezahlt. Olha Petriwna sagt, dass die Stadt darauf sauberer wurde als je zuvor."

„Früher wurde ich aus den Büros hinausgeworfen", gesteht Kristina. „Sie haben nichts entschieden, haben nicht geantwortet. Jetzt hat sich alles zum Besseren gewendet. Wenn ich sehe, dass Beamte nicht nach den Gesetzen handeln wollen, sage ich: ‚Jetzt werde ich Olha Petriwna anrufen.' Und sofort gibt es einen Ausweg aus der Situation."

Die Frau lacht.

„Jetzt stehen die Kinder an erster Stelle. Armut, aber schaut, überall ist Ordnung."

Auf dem Boden liegen gereinigte Teppiche, an den Fenstern hängen brandneue Organza-Vorhänge. Gleichwohl ist klar, dass dem Haus viel fehlt. Hier sind drei Kinder, und nach dem Beschuss ist auch ein behinderter Bruder aus der Region Luhansk hier eingezogen, aber es gibt nur einen Stuhl, ein Sofa und ein Bett im Haus. Jemand muss auf einem Stuhl schlafen. In großen Roma-Familien gibt es keine Waschmaschinen. Keine Bügeleisen und kein Geld für Wasch- und Reinigungsmittel. Manchmal muss man sich entscheiden: Brot kaufen oder Waschpulver?

Dank Olha Petriwna gibt es im Lager keine Roma mehr ohne Papiere, und die Mütter erhielten Bescheinigungen darüber, kinderreiche Familien zu haben, um unterstützt zu werden. Die Aktivistin findet auch Menschen, die humanitäre Hilfe zu geben bereit sind. Seit kurzem haben Roma die Möglichkeit, sich medizinisch untersuchen zu lassen, vier haben die Staatsbürgerschaft erhalten und die Kunstgruppen des Lagers veranstalten kulturelle Roma-Veranstaltungen. Ungefähr einhundertdreißig Familien erhielten zwanzig Hühner und Geld für Lebensmittel.

Wohltat, die anderen erwiesen wurde, kehrt zurück:

„Als ich krank war, kamen Roma-Mädchen zu Besuch zu mir nach Hause und halfen, den Boden zu wischen und die Zimmer zu reinigen. Die Pfannen in den Küchenregalen glänzten wie brandneu in einem Geschäft. Es hat mich bewegt, weil es eine Freundschaft ist."

Auf dem Weg zu einem würdevolleren Leben

„Der Durchbruch war, als wir einen Muttertag ‚Glücklich mit Kindern' machten. Wir sagten jeder Roma-Mutter freundliche Worte, Worte des Respekts und der Wertschätzung. Wir dankten dafür, dass jede Roma-Frau immer eine Heldin für ihre Kinder ist. Dankten dafür, dass jede Mutter ihrem Kind Glück wünscht, was sich umsetzt in eine ständige Verantwortung für ihre Zukunft. Und am Ende haben wir den Roma-Müttern Blumen geschenkt. Sie weinten. Weil sie zum ersten Mal in ihrem Leben geehrt wurden", erinnert sich die Menschenrechtsaktivistin.

„Mein Traum seit 2013 ist es, fünf Roma-Abgeordnete in der Werchowna Rada zu haben", verrät Olha. „Ich werde gefragt, warum Roma? Ich antworte: Sie sind viermal schlauer als andere

Völker. Sagen Wissenschaftler, oder vielleicht möchte ich es so ...", sie lacht. „Was haben wir nicht alles seit fünf Jahren gesehen: sowohl Gutes als auch nicht so Gutes. Man kann nicht alles aufschreiben, aber wir leben an der Front nicht vom Krieg, sondern von der Vorbereitung auf ein würdiges Leben in unserer ukrainischen Heimat nach dem Sieg."

Während wir in Kristinas Haus sitzen, erzählen uns die Mädchen alles Mögliche: über die Tradition, Bräute vor der Heirat zu entführen, über die Tatsache, dass die größte Schande im Lager ein abgeschnittener Zopf ist.

„Und der Baron?" Gibt es bei euch einen Baron?" frage ich.

„Baron? Olha Petriwna ist unser Baron!"

© Iryna Sereda

Wo ist Mama?

Erzählerin: Iwanna Stefaniwna Marynjak, geboren 1926.
Interviewer: Wassyl Mychajlowytsch Striltschuk, 8. Dezember 2001, Brody

[...]

„Wie haben die Deutschen die Juden behandelt?"

„Sie haben die Juden umgebracht. Ob sie sie gleich schnappten oder ob sie flohen und dann umgebracht wurden, weiß ich nicht, aber ich sah in der Stadt ermordete Juden.

Bei Brody, wo heute der Posten der Verkehrspolizei ist, in der Nähe des Munitionsdepots, da gab es einen Park, in dem die Deutschen Juden töteten. Als wir dorthin gingen, um nachzuschauen, sahen wir Blut aus dem Boden sickern."

[...]

„Überlebte jemand von den Juden die deutsche Besatzung oder blieb nach dem Krieg in Brody?"

„Sofija Solomonowna Poliner, geboren 1925 (laut Ausweis 1927). Die Familie lebte im Dorf Ponykowyzja. Die Deutschen brachten sie nach Brody. Als sie ihre Mutter töteten, da rannte sie weg, denn sie war sehr klein. [...]"

Sofija

Klein, ja winzig, wirkt Sofija in dem Polstersessel wie eine Erbse auf der flachen Hand. Sie sitzt da, ihre Hände liegen ruhig auf der Decke. Neben ihr steht ihr fürsorglicher Enkel, der gerade die alte Frau gefüttert hat. Das dünne graue Haar der Frau ist unter einer blauen Mütze versteckt, und ein Lächeln huscht über ihr Gesicht. Zerbrechliche Finger streicheln ein Kuscheltier, das auf ihrem Schoß liegt.

„*Kommen Sie essen!*", sagt sie plötzlich zu unserem Erstaunen auf Jiddisch.

Kommen Sie essen. Da das Jiddische von Brody dem Deutschen besonders ähnlich ist, verstehe ich, dass Sofija Solomonowna uns zum Essen einlädt.

„Nein, danke, Sofija", antworte ich auf Deutsch. „Wir sind zu Ihnen gekommen. Wir wollen mit Ihnen reden. Ich will Sie fragen nach Brody in der Zeit vor dem Krieg. Erinnern Sie sich an die Stadt, wie sie war?"

Die Frau lächelt, strahlt. Aber sie antwortet nicht, ihr Blick irrt über die Wand.

„Sie können es gerne versuchen, aber seit anderthalb Jahren erinnert sie sich an nichts mehr. Sie ist 92, hat Alzheimer", erklärt ihr Enkel. „Altersdemenz. Sie kann nicht mehr gehen, nimmt die Realität nicht mehr richtig wahr."

„Sofija Solomonowna, in welcher Straße haben Sie gelebt?" Ich gebe nicht auf. Sofija schweigt und umarmt fest ihr Kuscheltier. Als wollte sie ihre Frage an es richten, ruft sie:

„Wo ist Mama? Wo?" Schreie: „Mama, Mama! Hopp, hopp, hopp!" Die Frau reagiert nicht auf uns.

„Sofija Solomonowna, wie alt sind Sie?"

„Hopp, hopp,hopp!" Sie wirft das Kuscheltier hoch. „Hopp! Wo ist Mama?"

Ich gebe mir alle Mühe, aber am Ende merke ich, dass es sinnlos ist. Die Erinnerungen sind verloren.

„Oh, Sofija Solomonowna", seufze ich. „Ich wollte Sie so vieles fragen."

Wie war Brody vor dem Krieg?

Vor dem Zweiten Weltkrieg erreichte die jüdische Bevölkerung in dieser Stadt in der Region Lwiw 89%. Brody lag an der Grenze der Imperien, es wurde „Galizisches Jerusalem" und „Triest auf dem Kontinent" genannt.

„In Polen hieß die Straße Leśniewska und führte vom Bahnhof bis zum Dorf. Dort haben wir gelebt." Die 86-jährige Nadija Pinjaschko zeigt auf die Fenster und erinnert sich an ihre Straße in Brody. „An der St.-Georgs-Kirche müsst ihr nach links gehen, wisst ihr. Da ist es. Unser Haus war ein typisches einstöckiges Haus. Meine Eltern, ich und mein Bruder lebten dort."

Nadija lebt seit mehr als sechs Jahrzehnten nicht mehr in Brody. Sie erinnert sich jedoch gut an ihre Heimatstadt. Wir sitzen in ihrer Wohnung in Lwiw. Der Raum ist warm: Der alte Ofen hat die dicken Wände erwärmt.

„Juden lebten in jedem zweiten oder dritten Haus", fährt sie fort. Ihr graues Haar fällt leicht in ihr schönes Gesicht, der tiefe Blick verrät eine leichte Erregung. „Auch in unserer Nachbarschaft. Oft waren es ärmliche Häuschen. Der Boden unter den Füßen löste sich auf, zu Hause gab es nichts. Aber unsere Nachbarn betrieben noch einen Laden. Es musste geklingelt werden, die Tür öffnete sich, dann kam die Hausfrau aus der Küche und verkaufte etwas."

„Dort, wo jetzt die Kirche ist, war früher eine Schule. Gleich an der Kreuzung, wo sich in der Mitte der Park befindet. In der polnischen Zeit nannte man die Gegend Rajkiwka. Religion wurde damals in der Schule sehr intensiv unterrichtet. Ich erinnere mich, wie wir 1939 zur Erstkommunion gegangen sind. Wir mussten zum ersten Mal beichten und dann zur Schule gehen. Alle Mädchen waren weiß gekleidet. Ich hatte auch ein schönes weißes Kleid. Und sogar so einen Schleier [*Voile*], und eine Lilie aus Papier. Als wir zur Schule zurückkehrten, gab es Frühstück und Kakao. Ich habe mir mit diesem Kakao mein Kleid bekleckert", lacht Nadija laut heraus. Als würde sie dieses Kleid berühren, streicht die Frau die Decke glatt.

„Die Polen haben uns verspottet. Als die transkarpatische Ukraine zusammenbrach, kam eine Polin in der Schule auf mich zu, gab mir einen Fußtritt und sagte: ‚Das ist für Eure Karpato-Ukraine!'"

In der Schule wurde auf Polnisch unterrichtet, aber viele Schüler sprachen „Jiddisch". Auch Nadija Pinjaschko, obwohl sie Ukrainerin ist. Später wird ihr Enkel, der Architekt Taras Pinjaschko, versuchen, das 1988 von Semen Zymbaljuk begonnene Projekt zur Erhaltung der Synagoge in Brody zu Ende zu bringen. Es gab den Vorschlag, in Brody ein Museum für Judentum als Zweig des Lwiwer Museums für Religionsgeschichte zu errichten. Das Projekt ist jedoch nur teilweise realisiert, die Synagoge wird nicht für ihre Bestimmung genutzt. Das Gebäude verfällt, die Stadt hat keine Mittel für die Restaurierung.

„Die jüdischen Kinder gingen mit uns in die Schule, obwohl sie eine eigene Schule hatten. Wir hatten eine große lange Bank, wir saßen wohl zu neunt dort. Ich war nicht mit den Polen befreundet. Ich war befreundet mit Juden. Mit Juden und Ukrainern. Ich hatte zwei Freundinnen, Ljusja und Esja. Ljusja war so schön. Sie hatte große Augen. Schwaaaaarze", sie zieht das Wort in die Länge. „Esja war schon etwas pummelig. Außerdem war Stefa, eine Ukrainerin, immer bei uns, wir waren also vier Freundinnen. Ljusja wohnte in meiner Straße. Wir gingen zu ihr, weil sie eine wunderschöne große Puppe aus Amerika bekommen hatte. Zuhause gab es ein Bett, einen Spiegel, einen Schrank. Sie lebten in Armut. Kauften ein wenig Zucker, Mehl und Kascha-Grütze. Das wars. Sie hatten ein normales Haus, aber manchmal diente es als Gasthaus. Die Leute kamen aus dem Dorf zum Markt, um Gemüse, Zwiebeln, Hühner und Gänse zu verkaufen. Also kamen sie mit der Fuhre in den Hof und übernachteten dort. So hat die Familie etwas dazu verdient."

„Der Name unseres Nachbarn war Berger. Sein Spitzname war Spodyk. Juden gingen durch die Stadt und verkauften Orangen. Ein Pole fing an, einen Juden zu verbessern, weil er ‚Orangen' falsch ausgesprochen hatte, und der antwortete ihm auf Polnisch: ‚*Pocałuj mnie w dupe*!, küss meinen Arsch!' So war es."

Was beinhalten die Inschriften auf den Mazewot?

Die Sonne blendet, sie brennt uns im Nacken. Wir schlurfen durch das frische Gras, bald sind unsere Füße bedeckt mit etwas weißem Blütenstaub. Vor uns liegt ein dichter Wald, der einen angenehmen Schatten wirft. Der offene Horizont raubt uns die Sprache. Vor uns liegen Tausende von alten Mazewot. Solche Grabsteine werden von den Juden errichtet zum Gedenken an die Toten. Wir befinden uns auf einem der größten jüdischen Friedhöfe in der Region Lwiw.

„Während des Zweiten Weltkriegs wurden hier bis zu vierzehntausend Menschen begraben", erzählt der wissenschaftliche Mitarbeiter des historisch-landeskundlichen Museums Brody Andrij Kortschak, während er uns über den Friedhof führt. Seit der Universität forscht er über die Juden in Brody. Er stellte selbst eine Führung für Fremde zu diesen Sehenswürdigkeiten zusammen. Und er ist der Einzige in der Stadt, der Hebräisch spricht.

„Irgendwann wollte ich verstehen, was auf diesen *Mazewot* steht", sagt der Wissenschaftler. „Ich kenne diesen Friedhof seit über fünfunddreißig Jahren. Ich bin sowohl als Kind als auch als Student hier herumgestreift und habe mich immer von diesem Ort angezogen gefühlt. Ich interessiere mich für die Geschichte verschiedener Kulturen. Jemand interessiert sich fürs Angeln oder Kartenspielen, und ich mich eben dafür. Nach und nach habe ich Hebräisch zu lesen gelernt."

„Allein?", frage ich.

„Allein. Ich habe etwas im Internet gesucht, mich nach Lehrbüchern umgeschaut. Das moderne Hebräisch ist leicht zu übersetzen, Makkaronisprache, aber – Hebräisch vermischt mit Aramäisch, Jiddisch – das ist sehr schwer. Auf diesen *Mazewot* ist die Sprache uralt und verschnörkelt. Um alles hier zu lesen, braucht man zwanzig Jahre. Der Friedhof ist nur teilweise erhalten, heute gibt es noch fünfeinhalbtausend Grabsteine. ‚Russen' haben genau hier, auf den *Mazewot*, gesoffen. Dieser Ort war in einem schrecklichen Zustand. Erst in Zeiten der unabhängigen Ukraine, als der

Respekt gegenüber der Kirche wieder zunahm, wurde die Einstellung zum Friedhof weniger rücksichtslos. Die Gesamtzahl der Objekte hier, das heißt nicht der *Mazewot*, aber wo klar ist, dass dies ein Grab ist, beträgt neuntausendsiebenhundert. Mit meinem Professor habe ich jedes einzelne Grab fotografiert. Aber nur wenige Menschen in Brody interessieren sich für all das", gibt er zu.

Andrij hat keine familiäre Beziehung zum Judentum, dank seines blonden Haars sieht er eher aus wie ein Skandinavier. Wenn er jedoch Hebräisch liest, klingen die Worte aus seinem Mund natürlich und schön.

„Die Nathansons, Verwandte von Freud, Rabinovichs, Horowitz, Rokeschs, Kalers, Zuckers sind hier begraben", zählt er auf. Jede *Mazewa* hat ihre eigene Bedeutung, man kann ein ganzes Leben lang die darauf eingravierten Symbole entziffern."

Schaut man auf die Bevölkerungszusammensetzung, so war Brody zweieinhalb Jahrhunderte lang eine jüdische Stadt, vom XVIII. bis zur ersten Hälfte des XX. Jahrhunderts

„Juden waren hier immer in der Mehrheit", erklärt Andrij Kortschak. „Die Stadt Brody ist eigentlich eine Renaissancestadt. Sie stammt aus dem Ende des XVI. Jahrhunderts und wurde als Magnatenresidenz der Żółkiewski gegründet und später Residenz der Familien Koniecpolski, Sobieski und Potocki. Brody war ein Umschlagplatz auf den Handelsrouten. Obwohl es polnische Aristokraten waren, die hier lebten, nahmen sie sich vor, dass die Stadt ihnen Einnahmen bringen sollte. Brody war günstig gelegen und versprach ein Handelszentrum zu werden."

Aber die Stadt wurde durch ständige Kriege ausgelaugt.

Im Jahr 1699 gewährte ihr der damalige Besitzer der Residenz, Jakub Sobieski, ein Privileg, da er sah, dass die Stadt nicht rentabel war. Ein Privileg speziell für Juden. Er gab den Juden Religionsfreiheit: sie durften ihren eigenen Friedhof haben, Synagogen eröffnen. Weil die Stadt gute Handelsmöglichkeiten bot, strömten Juden hierher. Als nach 1715 Frieden einkehrte, verliefen hier die Handelswege aus China, Indien, Persien, dem Osmanischen Reich und Russland. Alle führten nach Europa.

„Der Höhepunkt all dieser Aktivitäten war das XVIII. Jahrhundert", bemerkt der Historiker. „Der Handel wurde jedoch durch eine neue Grenze gestoppt. 1872 kam das Territorium von Brody an Österreich, Berestetschko und Radywyliw aber blieben bei Polen. Um etwas hierher zu bringen, musste man jetzt Zoll zahlen. So begann der rasche Abstieg der Stadt."

Aber die Juden blieben hier. Sie machten die Stadt zum Zentrum ihrer Aufklärungsbewegung *Haskala*. In Galizien gab es drei solcher Zentren: auch in Lwiw und Ternopil. 1880 flohen die Juden vor den Pogromen in Russland nach Brody. Am Ende des XIX. Jahrhunderts wurde die Stadt neu ausgerichtet, wurde vom Handels- zum Industriezentrum. Viele Unternehmen siedelten sich an, die sehr profitabel waren. Die Stadt erstand neu aus der Asche, aber der nächste Frieden hielt nicht lange.

„Erster Weltkrieg", Andrij atmet leise tief durch. „Das wars." Fast zwei Dutzend Mal ging Brody von der einen Hand über in die andere:

1914 - Russen;
1915 - Österreicher;
1916 - Russen, Österreicher;
1917 - Ukrainische Volksrepublik (UNR);
1918 - Österreicher, Ukrainische Volksrepublik (UNR);
1919 - Polen, Westukrainische Volksrepublik (SUNR), Polen;
1920 - Bolschewiki, Polen;
1939 - Deutsche, Bolschewiki;
1941 - Deutsche;
1941–1944 - die schweren Jahre deutscher Besatzung.

Während des Zweiten Weltkriegs wurde hier ein Ghetto errichtet. Außerdem wurde Brody auf Befehl des Generals der Roten Armee Iwan Konew schwer bombardiert.

Die Stadt lag im Sterben.

„Schau mal", liest Andrej auf einer der Mazewot. „So schrieben sie oft für die Toten: ‚Möge seine Seele mit dem Band des Lebens verbunden sein.'"

Was passierte am 1. September?

„Ich erinnere mich an diesen Tag. Ich saß auf der Türschwelle und aß Suppe, Tomatensuppe", erinnert sich Nadija Pinjaschko an die

Ereignisse vom 1. September 1939. „Ich mochte es so sehr, bloß dazusitzen. Außerdem hatte ich Geburtstag. Plötzlich ein Geräusch: bum!"

„Bomben begannen zu fallen", erklärt sie. „Alle rannten davon. Mama griff nach meiner Hand und wir rannten los. Unser Haus war nicht weit vom *Kuschare*, dem Militärstützpunkt, entfernt. Sie dachten, sie würden Bomben auf die Militäreinheit werfen, aber sie bombardierten uns. Mama hatte Erbsen im Garten gesetzt. So hatte sie sich auf den Krieg vorbereitet. Sie sagte, wenn es einen Krieg gäbe, würden wir in die Erbsen fliehen. Und gerade dort fielen am meisten Bomben", lacht die alte Frau. „Meine Mutter hielt meine Hand fest und das Flugzeug flog ganz tief und schoss auf uns! Meine Tante lebte in der Vorstadt, und wir sind dorthin gerannt, weil wir dachten, dort würden sie uns in Ruhe lassen."

„Alle Ukrainer, die das Gymnasium abgeschlossen hatten, wurden von den Bolschewiki weggebracht und erschossen", erinnert sich Nadija. „Und ein Jude sagte zu Leszek, meinem Bruder, ‚Sie interessieren sich für dich'. Er wollte ihn warnen. Als mein Bruder das hörte, packte er sofort seinen Kram und schwamm über den Bug nach Deutschland. Das heißt, zu den polnischen Gebieten, die von Deutschland besetzt waren. Nachts sprangen sie in den Bug, sie schossen auf sie, und auf deutscher Seite standen Frauen mit Federbetten und trockneten sie. 1940 war er Lehrer in Hrubieszów. Sie verhafteten ihn. Sie kamen zu uns nach Hause, durchsuchten alles, blätterten die Notizbücher durch. Ich hatte auch solche Blöcke, ah ..."

„Die Deutschen griffen die Sowjetunion an und wir konnten uns retten. Aber viele unserer Bekannten starben in Sibirien. Wir flohen mit den Saryzkys nach Lwiw. Auf dem Pferdewagen."

„Ljusja? Meine Ljusja wurde erschossen. Als die Deutschen kamen. Es ist schrecklich, was wir erlebt haben."

Am 21. Mai 1943, vor einem Dreivierteljahrhundert, fand die letzte Räumung des Ghettos Brody statt. Jakob Honigsman schreibt darüber.

„Wissen Sie, ich galt auch als Jüdin. Ich hatte ein Dokument, dass ich keine Jüdin war. Aber der Offizier nahm mein Gesicht in seine Hände und griff mein Kinn: ‚*Du bist Jud? Du bist Jud?*‘ Weil ich das ‚r‘ aussprach wie die Juden.“

Wie retteten Sie sich?

„Wir sind aus dem Wald ins Ghetto zurückgekehrt“, steht mit violetter Tinte auf vergilbtem Papier. Diese Worte von Sofija Solomonowna Poliner wurden vor mehr als zehn Jahren von Wassyl Striltschuk, dem Direktor des historisch-landeskundlichen Museums Brody, aufgezeichnet.

Er ist auch einer der wenigen, die sich für die Geschichte der Stadt interessieren. Er träumt davon, in Brody ein Kulturzentrum zu schaffen, um Geschichte populär zu machen. Jedes Jahr organisiert er Konferenzen, setzt sich für den Erhalt des kulturellen Erbes ein, besonders für die große Synagoge, die jetzt einstürzt. „Die Razzia begann, ich ging, um Lebensmittel einzukaufen, nach Ponykowyzja [ein Nachbardorf], und als ich zurückkam, warnte mich meine Nachbarin, nicht ins Ghetto zu gehen, weil es eine Aktion gab, und ich kehrte um“, hatte Sofija Solomonowna erzählt.

„Dann nahm ein Nachbar mich und meinen Bruder auf, machte ein Versteck im Stall, und wir versteckten uns dort bis zum Frühjahr. Mutter und die anderen Kinder wurden nach Auschwitz gebracht, ich sah sie nie wieder. Im Frühjahr verließen wir den Stall und versteckten uns im Roggen, nachts wurden wir von Nachbarn aufgespürt, die sagten, sie würden uns der Gestapo ausliefern, wenn wir nicht Gold geben. Wir hatten nichts. Dann wurde mein Bruder weggebracht und ins Dorf geführt, und ich wurde zu einem Haus und nach oben gebracht. Dort saß bereits ein Jude aus Brody, Djudjo“, liest Wassyl die alten, schnell gemachten Notizen vor. Seine Stimme ist ruhig, aber in der Luft liegt etwas Unheimliches.

„Ich nahm ein paar Dachziegel heraus und sprang herunter. Es war Nacht. Ich blieb bis zum Morgengrauen im Heuschober auf dem Feld, dann suchte ich meinen Bruder. Als ich ihn im Roggenfeld fand, gingen wir in den Wald bei Bartschyn. Wir gruben ein Loch und tarnten es. Ich ging zum Fluss, um mich zu waschen, und hörte plötzlich Hundegebell. Die Deutschen machten eine Säuberung. Und einer fiel in diese Grube. Wir überquerten rasch den

Fluss auf die andere Seite, und die Hunde verloren so unsere Fährte. Wir haben uns dort im Wald versteckt und bauten unsere Lager am Flussufer. Ein paar Tage später ging ich ins Dorf und die Nachbarn erzählten, dass Djudjo nachts getötet und in einen Teppich gewickelt herausgetragen worden war. Ich ging zu einem Nachbarn, er ging immer nach Wolhynien, um Lebensmittel einzutauschen. Ich bat ihn, mir einen Platz als Kindermädchen zu suchen. Er wurde beim nächsten Mal fündig und brachte mich nach Kosjatyn. Dort war ich Kindermädchen, bis die sowjetischen Truppen kamen. Dann brachten uns diese Soldaten nach Tarakaniw, wir verbrachten die Nacht bei einer alten Frau. Frühmorgens fuhren wir nach Dubno zum Bahnhof. Der Bahnhofsplatz war leer, dann traf das 838. Bataillon ein. Sie haben uns als Küchenhilfen mitgenommen."

So erreichte Sofija Solomonowna Poliner, später Serbihjan, zusammen mit der Feldküche Deutschland.

Wie war das Leben danach?

„Hopp, hopp, hopp! Meine Hübsche. Ist das deins?" Sofija sitzt friedlich im Wohnzimmer und spielt weiter mit ihrem Stofftier.

„Wo ist Mama?" Schreie, „Mama, Mama!" Sie spricht mit ihrem Stofftier und wirft es immer wieder hoch. „Hopp, hopp, hopp!"

Als Frontsoldatin wurde sie ausgezeichnet mit dem Orden dritten Grades „Für Mut", mit dem Orden des Vaterländischen Krieges, und mit dreizehn Medaillen.

„Mama! Welche Mama? Wo ist Mama?" Sie lacht und reicht mir das Kuscheltier. „Da ist Mama", sie zeigt er zur Decke. „Mama geht es gut. Und Papa ist da. Mama ist dort, Papa ist dort."

„Hier, wo heute das Haus steht, war früher das Ghetto", sagt ihr Enkel. „Als sie in diesem Ghetto war, hat ihre Mama sie irgendwie durch den Zaun geschoben. Sie sagt, es war Mama. Wie, weiß ich nicht. Daraufhin ging sie zu Fuß in das Nachbardorf Ponykowyzja, sie war dort bekannt, man half ihr."

„Wo ist Mama? Hopp-pa-pa! Wo ist Mama, wo?"

Nach 2004 nahm ihre Aufmerksamkeit ab, der Blutdruck ging hoch. Sie konnte nicht mehr über den Krieg sprechen. In den neunziger Jahren hatte sie noch ihre Emotionen unter Kontrolle. Und dann hörte das auf. Vor anderthalb Jahren, im Oktober, brach sie sich das Bein, legte sich hin, ihr Bewusstsein veränderte sich, sie erkrankte an Muskelschwund.

„Wo ist Mama? Hopp-pa-pa! Wo ist Mama, wo? Dort!“ Sie zeigt wieder nach oben. „Wirst du bei Mama sein? Wo ist Mama?“

„Ihre Großmutter wurde sofort ermordet, ihre Mama und ihr Papa starben im Ghetto. Ebenso eine jüngere Schwester und zwei oder drei Brüder. Der ältere Bruder schloss sich den Partisanen an, nach dem Krieg war er hier im ‚sowjetischen Staatsrat‘ Abgeordneter, in den fünfziger Jahren ging er nach Polen und dann nach Amerika. Einmal besuchte sie ihn, das war 1991. Kurz darauf starb der Bruder.“

„Wo ist Mama? Mama ist nicht da. Wo ist Mama, wo? *Kommen Sie zu mir!*“

„Dann versteckte sie sich, wo immer sie nur konnte.“ Im Jahr 1944. Sie wollte über all das nicht reden.

„Hopp-hopp-hopp! Wo ist Mama? Wo?“

„Dann war sie bei den Partisanen.“

„Wo ist Mama? Wo?“

„Nach all dem ging sie nach Iwanowo, dort kam mein Vater zur Welt.“

„Wo ist Mama? Wo?“

„Und dann arbeitete sie hier in der Kantine, anschließend als Verkäuferin.“

„Wo ist Mama? Gut, ich nehme dich“, sie zeigt fröhlich auf mich. „Und ihn nehme ich auch.“ Sie zeigt auf das Kuscheltier. „Und es wird ‚hop-pa-ma-ma‘ geben!“

Sie atmet tief aus. Sie lacht.

„*Kommen Sie essen*? Hopp-hopp-hopp!“

Sofija Solomonowna erzählt nichts. Alles, was sie erlebt hat, bleibt wie die Vergangenheit des jüdischen Brody unausgesprochen. Die alte Frau wirft das Stofftier erneut hoch und strahlt breit.

„Wo ist Mama? Dort!“ Sie deutet nach oben. „Dort!“

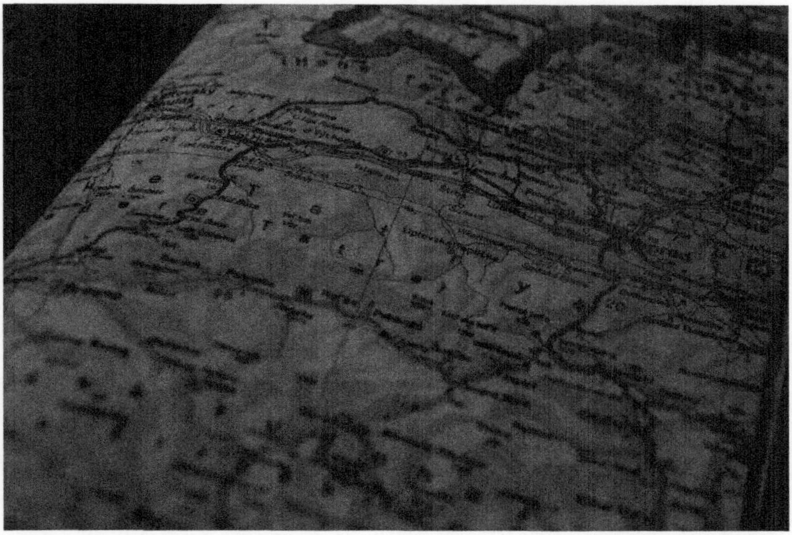

© Olesya Yaremchuk

Station L

In Zusammenarbeit mit Anton Semyschenko.

Bis zur Fertigstellung des Bahnhofs von Lwiw nach dem Projekt des polnischen Ingenieurs Zieleniewski wird es noch weitere neun Jahre dauern. An jenem Nachmittag fegen sie die am transkarpatischen Bahnhof Welykyj Beresnyj gleichmäßig verlegten Fliesen: Sie bereiten sich auf die Eröffnung vor. Langsam finden sich Menschen ein, ihre Blicke sind nach unten gerichtet. Dort ist eine brandneue Schmalspurbahn verlegt. Ein Zug nähert sich aus der Ferne, sperrig, plump, schön. Die Luft verdampft durch seine Hitze.

Schhhhh, die Lokomotive bremst.

Die Menschenmenge erstarrt vor Verwunderung: manche flüstern miteinander, manche geben laut und durcheinander Schreie der Begeisterung von sich. Die Einwohner von Beresnyj haben Grund zur Freude: Jetzt ist ihre Siedlung wichtig geworden für ganz Österreich-Ungarn. Und sie haben jemanden zu danken: einer kleinen Gruppe stämmiger Männer, die sich die Bahnstrecke genau inspizieren. Ist sie stark genug? Sind die Schienen gut montiert? Wie lange halten Metall und Holz? Die Männer leben hier in Welykyj Beresnyj, sind aber erst seit kurzem Einheimische. Die Notwendigkeit, eine Eisenbahn zu bauen, brachte sie aus einem dreihundert Kilometer entfernten slowakischen Dorf hierher. Jetzt ist die Arbeit erledigt. Der Zug fuhr los, aber die slowakischen Familien blieben für immer hier.

237 km ostwärts: Die Umsiedlung

Irgendwie so verlief wahrscheinlich der Tag im Jahr 1893, als in Welykyj Beresnyj der Bahnhof eröffnet wurde. In der Mitte des Fotos, untertitelt auf Ungarisch mit Nagyberezna, befindet sich ein großes zweistöckiges Gebäude mit getönten karminroten Fliesen. In der Nähe steht ein Zug, am Eingang und hinter einem niedrigen grünen Zaun versammeln sich Menschen. Alle sind festlich gekleidet, Männer mit eleganten Krawatten und Hüten. Aber nach wem suchen wir?

„Mein Großvater hat die Eisenbahn gebaut", erzählt Wassyl Dobej, lebhaft gestikulierend, als würde er auf den Bahnhof zeigen.

Dieser energische Herr ist ein 73-jähriger Liptake aus Welykyj Beresnyj, den wir um ein Gespräch gebeten haben. Ein Kenner der Geschichte, ein Sammler von Karten und Dokumenten, der Enkel einer der Männer, die die Eisenbahnstrecke verlegten. Es gab dreißig oder vierzig solcher Baumeister.

„Sie kamen zu Zeiten Maria Theresias ", sagt er. „Österreich-Ungarn entwickelte sich, es brauchte Rohstoffe und Arbeitskräfte."

Die Liptaken waren die ersten Slowaken, die auf der Suche nach Arbeit ins ukrainische Transkarpatien reisten. Welykyj Bereznyj liegt im Tiefland entlang des Flusses Usch. Von allen Seiten umgeben von Hügeln, bedeckt mit dichtem Wald. In den späten 1700er Jahren interessierten sich Unternehmer für den lokalen Wald. Sie stellten aktiv Holzfäller ein und bezahlten sie gut, so dass sich das Gerücht über die Möglichkeit, Geld zu verdienen, schnell verbreitete. Und weit weg: von Liptovská Teplička in der Slowakei, bis hier sind es mehr als 230 Kilometer. Dutzende von Familien, die von Bereznyj hörten, machten sich jedoch auf die lange Reise. Wegen des Namens des Dorfes, aus dem sie stammen, nennen sich die hiesigen Slowaken Liptaken.

Im Süden:
Von Gagarin über Schewtschenko bis Štefánik

„Sie haben das Ufer vom unteren Ende des Dorfes bis zur Anhöhe befestigt", sagt Wassyl. „Ich erinnere mich noch an die Dämme hier, als ich klein war. Und der Fluss Usch war dreimal größer als jetzt. Sogar als ich zur Schule ging, sind wir von der Brücke ins Wasser gesprungen! Und jetzt reicht das Wasser gerade bis zu den Knien."

Österreich-Ungarn hat die natürlichen Ressourcen von Bereznyj intensiv ausgebeutet, aber auch viel hier investiert.

„Während der österreichisch-ungarischen Herrschaft entstanden in vielen Dörfern griechisch-katholische Kirchen: in Wolosjanka, Schornawa, Ljuta", sagt Wassyl. „Schauen Sie sich die Architektur an, sie ist überall gleich!"

Das Haus von Wassyl Dobej steht an der Hauptstraße von Welykyj Beresnyj. Sie schlängelt sich durch das Dorf und wechselt die Namen, von Jurij Gagarin im Norden über Taras Schewtschenko im Zentrum bis hin zu Milan Štefánik, einem bekannten slowakischen Diplomaten, und veranschaulicht die zahlreichen Wendungen in der Geschichte der Region.

„Jetzt heißt der südliche Bereich der Siedlung im Volksmund Liptaky", teilt der Gesprächspartner mit. „Also sagen sie: „Ich gehe nach Liptaky."

Wir sind auch hingegangen. Immer weiter, fast ohne abzubiegen, ist die Straße zwischen gepflegten Höfen und Berglandschaften verflochten. Ein kaum hörbares Geräusch erweckt Aufmerksamkeit. Mit jedem Schritt kommt die Musik näher und wird lauter, und schon öffnen wir die Türen der Musikschule.

Hier versammelt sich das vor mehr als zwanzig Jahren gegründete „Liptaky"-Ensemble zu Proben. An den Wänden von Korridoren und Räumen sind Noten, Partituren, Abfolgen von

Septachorden und andere musikalische Rätsel. In einem der Büros trifft uns die Liptakin Gabriela Kisel, einst das jüngste und heute das älteste Mitglied des Chores. Sie erinnert sich auch an die Geschichte ihrer Großeltern.

„Der Ort, von dem unsere Vorfahren kamen, ist sehr weit weg." Gabriela schaut auf, als suche sie nach einem Punkt auf der Karte.

Rote Kleidung, blondes Haar. Der Musikerin ist trotz ihres reifen Alters zart und anmutig.

„Mein Großvater arbeitete wie viele andere bei der Eisenbahn. Schwerlast-Güterwagons mit Panzern und einem Haufen Sprengstoff fuhren hier durch. Das war eine große Verantwortung! Und dann kamen die Sowjets ... Sie hatten ihre eigenen Gesetze und beschlossen, die Grenzen zu organisieren. So begannen die Grenzen."

0 km: Evakuierung der Kühe

Vom Fenster der Musikschule ist der Hügel zu sehen, bis zu dessen Spitze es eine Stunde zu Fuß braucht. „Noch eine halbe Stunde und ihr seid in der slowakischen Stadt Ubľa. So gingen ganze Generationen von Bewohnern von Beresnyj. Bis sich die Stadt in ‚den herrlichen leninistischen Weg' einreihte."

„Früher hatten wir einen eigenen Bauernhof, eine Magd", erinnert sich Wassyl Dobei an das Leben der Liptaken vor der Kollektivierung. „Sie hat mich großgezogen. Aber als sie 1948 anfingen, eine Kolchose zu organisieren, nahmen sie uns zwei Hektar Land, die Windfege, den Mähdrescher, das wars. Und sie sagten, dass die Kühe abgegeben werden müssten. Mein Vater wollte das nicht, er nahm die Kühe den Hügel hinauf und ließ sie in die Slowakei hinunter. Er sagte, sollen sie besser anderen gehören."

Die Eltern arbeiteten das ganze Jahr über auf der Kolchose und erhielten drei Rubel. Die Sowjetunion beschränkte sowohl Geld als auch Bewegung.

„Ich habe Verwandte in der Slowakei", teilt Gabriela Kisel. mit „Aber bis zur Zeit der unabhängigen Ukraine konnte ich nicht dorthin reisen. Viele Menschen haben jetzt einen slowakischen Pass."

Jetzt sind in Welykyj Beresnyj alle Grenzen kaum zu spüren, weder die sprachlichen noch auch die kulturellen.

„Früher war hier ... nun was?"

„Tschechoslowakei?"

„Genau." Und hier in den Schulen gab es Unterricht in tschechischer Sprache. Meine Mutter konnte also Tschechisch, Slowakisch, Ukrainisch ... Sie hat gut gelernt, aber die Schule nicht beendet, weil die Ungarn gekommen sind", sagt Gabriela.

Die bunte Mischung aus Sprachen und Kulturen macht sich auch in den Familien bemerkbar: Die Familien sind hier oft ethnisch gemischt.

„Der Name meiner Mutter war zum Beispiel Kateryna Mychajliwna Gafi", erzählt unsere Gesprächspartnerin. „Und der Nachname ihrer Mutter ist Apjavi. Das ist slowakisch, und zu Hause sprachen wir Slowakisch. Aber im Allgemeinen sind die Familien gemischt. Eine Großmutter ist Slowakin, die andere Deutsche und mein Großvater ist Ukrainer. Also: wer bin ich?"

332 km nach Westen: Die Welt ist nicht mehr schwarzweiß

Als die Grenzen zwischen Europa und der Sowjetunion fielen, bot sich in Transkarpatien die Gelegenheit zur Entwicklung der Volkskultur. Bereits 1990 bildeten Aktivisten von Welykyj Beresnyj das Ensemble „Liptaky". Sie singen nicht Jazz oder Rock, sondern gute alte Volksmusik.

„Wir waren in den 90er Jahren zum ersten Mal beim *World Slovak Festival*", erinnert sich Gabriela an die Anfänge.

Das Festival fand in der Stadt Banská Bystrica statt, 332 Kilometer entfernt von Welykyj Beresnyj.

„Dort waren Leute aus Italien, Amerika, Kanada, Griechenland, ganz zu schweigen von Deutschland oder Ungarn. Die meisten waren in nationalen Kostümen, waren die schön! Und wir haben angezogen, was wir hatten: weiße Blusen, schwarze Röcke.

Erst dann nähten sie ihre eigenen Kostüme, in denen sie gingen, in Martin, Košice, Nitra und Ubľa - überall."

Bei der ersten Reise ging es nicht ab ohne sowjetische Stereotypen. Die Polen identifizierten die Liptaken als Russen.

„Sie schrieben sich auf ihre T-Shirts etwas Beleidigendes über Russland und sind damit vor uns hergelaufen. Sie haben uns mit Russen verwechselt! Es ging uns zwar nichts an, aber wir haben es so wahrgenommen. Ich hätte nicht gedacht, dass man sich so aufführen kann. Du aber musst ihnen Anerkennung zollen!"

237 km nach Westen: Wiedervereinigung

„Hier ist eine alte, noch österreichische Karte von Welykyj Beresnyj mit einer Liste der Eigentümer von Häusern und Grundstücken. Und hier könnt ihr die Namen der Familien sehen, die hierhergekommen sind", der Dorfvorsteher Bohdan Kyrlyk dreht uns den Notebook-Bildschirm mit dem Bild der Karte zu. „2013 kam der Bürgermeister von Liptovská Teplička hierher, und als erstes ging er mit mir zum römisch-katholischen Friedhof, um die Namen zu sehen. Er sah dort dasselbe, wie wir jetzt auf der Karte: Kubitčko, Revaj, Habinyak, Bulaptczak. Auch jetzt leben sie noch hier, die Revaj und Bulapczaks. Wenn sie möchten, können sie ihre entfernten Verwandten dort in der Slowakei finden."

Herr Kyrlyk nimmt ein Buch aus dem Regal, „Geschichten aus Liptovská Teplička", eine großzügig bebilderte slowakische Sammlung von Kurzgeschichten aus einem nahegelegenen fernen Dorf. Wir nehmen beide wahr, dass auf den Bildern oft Schlangen abgebildet sind.

„Es gibt Sümpfe, einen großen Wald in der Nähe. Es ist klar, dass es nicht an Schlangen mangelt", erklärt er. „Die einst schwierigen Lebensbedingungen in Teplička ermutigten die Menschen zu gehen. Und jetzt gehört das Dorf zu den besten der Slowakei. Sie verdienen Geld mit Touristen: Sie organisieren Festivals, es gibt mehrere Hotels."

Und wovon lebt Beresnyj? In Kyrlyks Büro fällt sofort ein großes Poster mit Tabellen auf: „Generalrenovierung des zweiten Kindergartens - 2,5 Millionen Hrywen. Zaun um den Park -

500.000. Bürgersteig zum SBU - 650.000 ..." Dabei handelt es sich um Projekte, die im Laufe des vergangenen Jahres umgesetzt wurden.

„Im Land geht die Dezentralisierung voran, es bleibt mehr Geld im lokalen Haushalt", erklärt der Dorfvorsitzende. „Aber sowohl die Ausgaben als auch Verantwortung nehmen zu."

Jetzt ist Welykyj Beresnyj sowohl für die Straßen als auch für die Kommunikation verantwortlich. Um sich zu entwickeln, müssen sie nach Möglichkeiten suchen, um Geld zu verdienen. Und hier wird das große Problem der kleinen ukrainischen Siedlungen deutlich: die Fleißigen und Ehrgeizigen wandern von hier aus. Diejenigen, die in Beresnyj ein neues Geschäft eröffnen, eine Schule oder ein Krankenhaus leiten, Investitionen finden könnten tun dies schließlich in anderen Städten oder Ländern.

Wenn wir darüber nachdenken, wie die lokale Gemeinde verdienen kann, denken wir über den Tourismus nach. Eine Attraktion ist schon da, eine bunte nationale Minderheit. Herr Kyrlyk lächelt darüber: Dafür, dass Touristen nach Welykyj Beresnyj fahren können, sind bessere Straßen und Dienstleistungen erforderlich. Und dann wird zugegeben, dass das Dorf zusammen mit Liptovska Teplička einen Grant beantragt hat: um kulturelle Projekte zu entwickeln, Festivals zu veranstalten und auch den Park mit seltenen Bäumen im Zentrum von Bereznyj zu erneuern.

„Es ist unwahrscheinlich, dass sich die Industrie hier entwickelt: Die Grenze ist nah und die Löhne dort um ein Vielfaches höher. Obwohl für kleine Unternehmen Möglichkeiten vor den Füßen liegen", sagt der Bürgermeister und nimmt eine kleine Plastiktüte mit Souvenirs aus dem Regal. „Schauen Sie, was die Slowaken tun. Können wir das nicht?"

In dem Tütchen sind getrocknete Birnenstücke. Ort der Herstellung: Liptovská Teplička. Auf dem Etikett steht: umweltfreundliches Produkt.

907 km gen Westen: Die Hose wird nach Berlin geliefert

Vom dritten Stock der Fabrik „Beresnjanka" aus sind die alten Fabrikgebäude zu sehen. Es sind zahlreiche Ziegel herausgebrochen, hier und da gibt es Löcher in den Wänden, und auf dem Dach beginnen Bäumchen zu sprießen.

„Man kann das nicht mehr renovieren, es ist billiger, alles abzureißen und dann neu zu bauen. Es ist möglich, dass wir eines Tages expandieren, so dass diese Gebäude benötigt werden", sagt Andrij Zybyk, Direktor der Fabrik. Er ist einer von denen, die in Welykyj Beresnyj Chancen gesehen und sich an die Arbeit gemacht haben. Und er ist halber Liptake.

„Mein Vater und mein Großvater sind Liptaken, meine Mutter ist Rusynin", sagt er.

Der Mann ist bereits 65 Jahre alt, sein ganzes Leben ist er mit Welykyj Beresnyj verbunden. Er hat einmal in dieser Fabrik gearbeitet, die heute in Trümmern liegt. „Ersted", ehemals „Switlo Schowtnja", produzierte Lampen, Elektromotoren und Autoteile und war der größte Arbeitgeber in der Region. 1995 wurde der Betrieb eingestellt, 2001 war die Anlage vollständig verfallen. Gleichzeitig wurde ein westlicher Partner gefunden, der sich bereit erklärte, hier eine Bekleidungsfabrik zu errichten. Jetzt werden hier fast alle Herrenhosen der deutschen Marke *Club of Comfort* genäht.

Andrij Josypowytsch bringt ein Album mit Fotos, die noch auf Negativfilm aufgenommen wurden. Auf einem Foto aus den frühen 2000er Jahren installieren Schweißer Rohre, auf einem anderen isolieren Arbeiter die Wände mit Glaswolle.

„Teilweise hat uns der Zufall geholfen. Aber wir haben gesucht, versucht, gearbeitet. Spezialisten aus Uschhorod wurden eingeladen, sie brachten einheimischen Frauen das Nähen bei. Vorher gab es in der Gegend fast keine Arbeit für Frauen", berichtet er.

Jetzt sind 90% in der Fabrik Arbeiterinnen. Dies macht sich auch bei kleinen Dingen bemerkbar: Im neuen Gebäude gibt es vier Frauen- und zwei Herrentoiletten. Und weiterhin einen kleinen Raum, in dem eine Mitarbeiterin des Unternehmens, die ehemalige Lehrerin Tatjana Hopko, ein Dorfmuseum eingerichtet hat. Auf den Regalen stehen hölzerne Krüge und Schalen und auf dem Boden Tröge. Dieses Utensil wurde von den Liptaken benutzt, als sie nach Beresnyj zogen. Und unterscheidet sich jetzt etwa das Leben der Liptaken vom ukrainischen?

„Schon in meiner Kindheit und Jugend hatten die Liptaken mehr eigene Traditionen", sagt der Fabrikdirektor. „Zum Beispiel fegte jede Familie jeden Samstag den Hof und den Bürgersteig vor ihrem Hof und Haus. Am Samstagabend und Sonntagmorgen gingen alle in die Kirche. Und an den Wochenenden bereitete jede Liptaken-Familie die gleiche Mittagsmahlzeit zu: Hühnerbrühe, Knödel und Kohlrouladen. Und unabdingbar waren mariniertes Gemüse, Gebäck mit Nüssen, mit Mohn. Du konntest zu jedem Haus in Liptaky gehen, du bekamst das Gleiche zu essen."

Ohne Grenzen

„Jetzt ist alles durcheinander und niemand weiß, wer was ist", lächelt Wassyl Dobey, dessen Großvater die Eisenbahn gebaut hat. „Ich, ein Liptake, habe eine Griechisch-Katholische, eine Rusynin zur Frau. Meine Schwester hat einen Ukrainer aus der Region Tschernihiw geheiratet, und meine Tochter einen Mann aus der Region Chmelnyzkyj. Wir haben nie darauf geschaut, ob du Ukrainer, Ungar oder Deutscher bist. Jetzt geht jeder hier und da hin und die Grenzen werden nicht so sehr gespürt."

Wassyl erhielt 1995 den Status eines Slowaken.

„Sogar mein jüngster Enkel war schon dreimal in Bratislava! Und der mittlere studiert in Košice an der Technischen Universität."

Der Experte für die Geschichte Beresnyjs erinnert sich an 1957, als er die Slowakei besuchte.

„Das war während der Tauwetter-Periode unter Chruschtschow. Zu dieser Zeit gab es keine Kontrollpunkte in Ubľa oder Uschhorod, also reisten alle durch Tschop. Wir fuhren mit dem Zug von Welykyj Beresnyj nach Uschhorod. Von dort nach Michalovce, dann nach Snina. Wir haben überall Verwandte.

Die Verbindungen wurden wiederhergestellt. Dafür mussten wir aber mehrere Stufen der sowjetischen Bürokratie durchlaufen.

Meine Tante hat uns angerufen, all diese Dokumente wurden nach Moskau geschickt, wir haben drei Monate gewartet und sind dann losgefahren. In der Slowakei bekamen wir siebentausend Kronen, während die Schuhe neunzig Kronen kosteten. Also kauften wir fünfzehn Paar Schuhe, Trainingsanzüge, Regenmäntel, Jacken! Ich habe zwei Flaschen Bier mitgebracht, hier haben sie es als Wunder angesehen. Und all diese Shampoos in Plastikflaschen ... Schon 1957 gab es dort ein ganz anderes Leben. Sauberkeit, Stille, Du gehst in den Laden – die ganze Aufmerksamkeit gilt dir. Fünfzehn paar Schuhe wurden zu uns gebracht, bis wir die besten ausgewählt haben. Es ist nicht so wie hier, wo man dir den Fisch in Zeitungspapier verpackt verkauft."

Jetzt gibt es die Möglichkeit zu reisen: Um die ukrainisch-slowakische Grenze zu überqueren, reicht eine halbe Stunde, um nach Ubľa zu gelangen, elf Minuten mit dem Auto. Sogar internationale Züge nach Košice oder in andere Städte halten am Bahnhof Welykyj Beresnyj. Die Eisenbahn, dank der die Liptaken einst nach Beresnyj kamen, bringt sie jetzt leicht zu ihren Verwandten.

© Olesya Yaremchuk

Weiße Sonne, schwarzer Wein

Im Sommer sind die Straßen des Dorfes Wynohradiwka im Bezirk Bolhrad leer und heiß. Aufgrund der tropischen Temperatur im Süden der Region Odessa wird jeder Körper, der sich nicht vor der Sonne schützt, sofort bronzefarben. An einem der zentralen Plätze streckt Wladimir Iljitsch Lenin, ebenfalls Bronze, seine Hand aus. Vielleicht nach Wasser?

Der Schritt der Passanten ist ruhig und wird im grünen Schatten sogar noch langsamer. Tore und Hausbögen sind von Weinreben umrankt und voller Weintrauben, einer Totempflanze für das Dorf. In Wynohradiwka sind 95% der Bevölkerung Gagausen: Sie sind Ureinwohner der Ukraine.

Insgesamt gibt es von ihnen 250.000 weltweit, 30.000 davon leben in der Ukraine. In der Türkei wird angenommen, dass die Gagausen Türken sind, die in Bulgarien christianisiert wurden. Und in Bulgarien denken sie das Gegenteil: Das sind Bulgaren, die den Glauben behalten, aber die Sprache aufgegeben haben. Die Gagausen selbst betrachten sich als Nachfahren der alten Türken aus dem Altai. Über mehrere Jahrhunderte wanderten sie von Ost nach West. Anfangs führten sie einen nomadischen Lebensstil, später wurden sie ein sesshaftes Volk.

Die Gagausen sind orthodox, aber ihre Sprache ist mit dem Türkischen verwandt. Nahe zur türkischen Sprache ist auch der alte Name des Dorfes, Curciu. Die Einheimischen verwenden ihn immer noch, besonders wenn sie ihre Muttersprache sprechen.

„Kann ich Ihnen helfen?“, frage ich eine ältere Frau, die einsam mit einem großen Paket in der Hand unterwegs ist. Aber sie zögert etwas und gibt mir trotzdem die Tasche. Maria Dimowa ist, wie die meisten Menschen in Wynohradiwka, Gagause. Sie lädt ein auf den Hof und dann zu Tisch. Enkelin Marjana hilft ihr rasch. *Manja* erscheint auf dem Tisch (ein Gericht aus Kartoffeln und anderem Gemüse, zu dem manchmal Fleisch hinzugefügt wird), Brimen-Käse *Peynir* und köstliche *Gözleme*-Fladenbrote.

„*Kola hele*!“, sagt sie mir auf Gagausisch. „Guten Appetit!“.

Meine Gesprächspartnerin ist bereits 81 Jahre alt und hat den Zweiten Weltkrieg miterlebt.

„Alle haben geschossen“, erinnert sie sich an die schrecklichen und erschütternden Zeiten. „Tschechen, Deutsche, Rumänen gingen hier und da hin. Wir hatten Angst, versteckten uns in den Kellern. Und nachts gab es kein Licht.“

„Was für ein Land war das hier?“, frage ich.

„Ich erinnere mich nicht mehr.“

Dies ist nicht überraschend: Bessarabien wurde im 20. Jahrhundert wie eine heiße Kartoffel von Hand zu Hand weitergereicht. Zu Beginn des Jahrhunderts Russisches Reich, zwischen 1918 und 1940 Rumänien, das zuerst mit den Nazis und dann mit der Sowjetunion zusammenarbeitete. 1940–1941 erneut die Sowjetregierung, 1941–1944 erneut Rumänien und dann viele Jahre lang die UdSSR.

Während der schweren Kriegszeit konnten viele Kinder die Schule nicht besuchen. Dimowa absolvierte zum Beispiel nur fünf Klassen.

„Es war eine schwierige Zeit“, sagt sie. „Wir gingen barfuß zur Schule, es gab nichts anzuziehen. Drei Kinder, kein Vater, nur Mutter. Wartscha, Warwara war ihr Name. Dann ging ich schnell zur Arbeit, ich war ungefähr vierzehn Jahre alt. Und bis jetzt. Dann die Kolchosen, die Sowjetunion. Aber das ist schon eine ganz andere Geschichte."

Weinindustrie

Im November 1946 wurde in Wynohradiwka die Kolchose „8. März" gegründet, in der 49 Bauernhöfe vereint waren. Nanisch Kotschmar wird zum Vorsitzenden gewählt, aber er wirkte nicht lange: Er wurde entlassen, weil er gläubig war. Zur gleichen Zeit erschienen im Dorf zwei weitere Kolchosen, benannt nach Marschall Budjonny beziehungsweise nach dem 30. Jahrestag der sowjetischen Ukraine.

Ab 1950 besaßen diese drei Kolchosen einen großen Reichtum: einen Ford-LKW, sechsundzwanzig Ochsen, dreiundvierzig Pferde, dreiundzwanzig Karren, zwei Sämaschinen, dreiundzwanzig Kühe und achtzehn Schweine. Das Jahreseinkommen betrug 27.000 Rubel.

„Wir haben ständig gearbeitet", erinnert sich Maria. „Die Kolchose war riesig! Ich habe dort fünfundzwanzig Jahre verbracht. Alles in den Weinbergen: gepflügt, die Reben geschnitten, gebunden, ausgegraben. Dann machten wir Wein, roten, weißen und schwarzen."

„Schwarzen?", frage ich.

„Schwarzen."

Dem Gagausischen Wein werden besondere medizinische Eigenschaften nachgesagt.

„Eine Flasche Wein ist wahrscheinlich das beste Geschenk aus diesen Gegenden", sagte meine moldauische Freundin Viktoria. Während der Schwangerschaft riet ihr der Arzt, jeden Abend ein Glas von diesem Wein zu trinken, um die Giftstoffe aus dem Körper zu entfernen. „Er wurde sogar in das Kernkraftwerk Tschernobyl nach dem Unfall gebracht und den Liquidatoren ausgegeben."

Druck und Widerstand

Die Gagausen hatten wie die Ukrainer wenig Grund, die Sowjetunion zu lieben. Sie litten ebenfalls unter Repressionen und massenhaftem Hunger. Insbesondere in den Jahren 1946–1947, als Menschen auf diese Weise in Kolchosen getrieben wurden.

„Diese Hungersnot wurde in den Dörfern der Gagausen und in der gesamten Region künstlich verursacht", erzählt der Redakteur des Politikressorts der Tageszeitung *Den* Iwan Kapsamun.

Dunkles Haar, ausdrucksstarke Gesichtszüge: Trüge er einen langen Bart, würde Iwan perfekt als eifriger Muslim durchgehen. Er ist jedoch orthodox, weil Gagause. Iwan verbrachte seine Kindheit in Wynohradiwka und zog später nach Kyjiw, wo er bis jetzt lebt und arbeitet.

„Die Leute hatten reichlich Essen und Vorräte. Aber gleich als die Sowjetregierung kam, erhob man in den Siedlungen sofort eine Steuer, die den größten Teil der Ernte wegnahm. Dokumente und Geschichten älterer Menschen zeigen, dass sie das auf brutale Weise machten. Meine Großmutter mütterlicherseits, die in einem bulgarischen Dorf lebte, erzählte, wie sie wiederholt zu ihnen kamen und alles gewaltsam mitnahmen. Sie sagte, wie, was und wen die Leute essen mussten. Und wiederholte ständig: ‚Iwan, Hunger ist das Allerschlimmste.'"

In einigen Dörfern kam die Hälfte der Bevölkerung um. Und dann wurden die Gagausen in Arbeitslager gebracht.

„Zum Beispiel wurde mein Vater in Karaganda geboren. Im Zentrum von Kasachstan", sagt Kapsamun. „Das liegt daran, dass die ganze Familie meines Großvaters, die Gagausen waren, in sogenannte Arbeitsarmeen gebracht wurde. Sie kehrten 1957 nach Wynohradiwka zurück. Gott sei Dank stand ihr Haus leer, so dass sie nicht unter freiem Himmel bleiben mussten."

Die Gagausen litten auch unter Rumänien, das lange Zeit Süd-Bessarabien beherrschte. Die rumänische Regierung ließ die Menschen nicht wie die Sowjetunion hungern, sie war aber ebenfalls grausam und bestrafte jede kleinste Übertretung. Hier erinnert sich jeder an die Niederschlagung des Aufstandes von Tatarbunary von 1924: Hunderte von Menschen wurden erschossen.

Das kleine Volk hatte das Gefühl, dass es schwierig sein würde, wieder unter der Herrschaft von Bukarest zu stehen. Daher zeigten sich Mitte der 1980er Jahre mit dem Beginn der Perestroika die ersten Anzeichen einer nationalistischen Bewegung unter den Gagausen. In Moldawien fanden Massenkundgebungen für den Beitritt zu Rumänien statt, und die intellektuelle und unternehmerische Elite der Gagausen bildete mehrere Organisationen, die zur treibenden Kraft des nationalen Aufschwungs wurden. Die berühmteste von ihnen, *Gagauz Halkı*, das heißt „Gagausisches Volk", die im Zentrum des moldawischen Gagausien, in Comrat operierte, brachte die Frage der Selbstidentifikation des Volkes zur Sprache.

Die Gagausische Republik

In den späten 1980er und frühen 1990er Jahren gab es keine klare Grenze zwischen Moldawien und der Ukraine. Auf der Weltkarte und im Bewusstsein der Menschen gehörte dieser Teil des Landes noch zu einem festen Fleck im Patchwork Sowjetunion. Als das Sowjetimperium zerfiel, befand sich der größte Teil der Gagausen, etwa 150.000, in Moldawien, heute Republik Moldau, und mehr als 30.000 im Süden der Ukraine.

„Ich war damals noch ein Kind. Die älteren Männer sagten später, als die Gagausen-Bewegung begann, marschierten ihre moldawischen Gegner in Kolonnen von *Chişinău* nach Gagausien", erinnert sich Iwan Kapsamun. „Dies waren die sogenannten ‚Freiwilligen', die sich sowohl Moldauer als auch Rumänen nannten und vom damaligen Premierminister der Republik Moldau, Mircea Druc, angeführt wurden. Mehr als zweihunderttausend ‚Freiwillige' versammelten sich, sie blockierten die Straßen, säten Panik. Glücklicherweise gab es kein ernstes Blutvergießen, aber nur, weil eine Division sowjetischer Truppen aus Bolhrad kam, um die Situation zu beruhigen. Und die Gagausen erreichten ihr Ziel: Am 19. August 1990 wurde die unabhängige Republik Gagausien, *Gagauz Yeri*, proklamiert. Stepan Topal wurde Präsident des Landes, die Werchowna Rada wurde von Mychajlo Kendiheljan geleitet. Alles geschah, auch mit Hilfe Moskaus, denn auf diese Weise versuchte der Kreml, Moldawien in Anspannung zu halten.

Wynohradiwka war nicht Teil der noch nicht anerkannten Republik: *Gagauz Yeri* bedeckte nur Land in der modernen Republik Moldau. Aber auch die Gagausen der Region Odessa nahmen aktiv an der nationalen Bewegung teil. Zum Beispiel kommt der ehemalige Bürgermeister von Comrat, der Demonstrant Konstantin Taušanžy, aus Wynohradiwka. Genauso der Rechtsanwalt Ilja Karakaš, der die Gesetzgebung der Gagausischen Republik entwickelt hat.

Am Beispiel Transnistrien haben wir eine akute Form des militärischen Konflikts mit allen tragischen Folgen gesehen", sagt Iwan Kapsamun. „Aber Gagausien hat sich gerade als Beispiel für eine friedliche Beilegung der ethnopolitischen Krise herausgestellt."

In den Jahren 1990–1994 existierte Gagausien als nicht anerkannte Republik. Und am 23. Dezember 1994 verabschiedete das moldauische Parlament ein Gesetz „Über den besonderen rechtlichen Status von Gagausien - *Gagauz Yeri*". Es wurde eine territoriale autonome Einheit mit einem Sonderstatus innerhalb der Republik Moldau und erhielt seine Nationalflagge, sein Wappen und seine Hymne. Das Gesetz sieht auch vor, dass die Bevölkerung von Gagausien im Falle einer Vereinigung der Republik Moldau mit Rumänien das Recht auf äußere Selbstbestimmung hat.

Würde Wynohradiwka ein solches Schicksal mögen? Die Einheimischen, die ich nach Selbstbestimmung und der Republik frage, winken mir zu: „Ja! Wir haben alles, wir brauchen keinen Konflikt."

„Die ukrainischen Gagausen haben alle Möglichkeiten, sich um ihre Geschichte, Traditionen und Sprache zu kümmern. Zum Beispiel erlaubte die Ukraine 2008 den Gagausen, auf die lateinische Schrift umzusteigen", sagt Iwan Kapsamun. „Wir sollten hier keine Angst vor separatistischen Bewegungen haben. Aber Gagausen und Ukrainer sollten nicht vergessen, einander zuzuhören."

Ö, mit Umlaut

„Ich lebe seit fünfunddreißig Jahren hier", sagt Olha Kulaksys und blättert in einem Buch des Gagausen-Dichters Dmitrij Karatschoban.

Olha leitet in Wynohradiwka das einzige gagausische Kulturzentrum in der Ukraine. In dem Raum, in dem wir sitzen, sind viele Bücher auf Gagausisch, mit kyrillischen als auch lateinischen Buchstaben. Auf dem Regal sind kleine Flaggen drapiert, die gagausische, ukrainische, türkische. Es sind die türkischen Organisationen, die die pädagogischen und wissenschaftlichen Projekte der Gagausen nachdrücklich unterstützen.

Fast ihr ganzes Leben in Wynohradiwka arbeitete Olha Kulaksys als Lehrerin, unterrichtete Gagausische Sprache und Literatur. Sie hat eine Familie und drei Kinder. Während unseres Gesprächs zwischen Bildern und Fotografien rennt ihr kleiner Enkel Witir und unterhält uns.

„Die Gagausen haben eine uralte Geschichte", sagt Olha. „In Budschak, im Gebiet zwischen den Mündungen der Donau, des Dnjestr und des Schwarzen Meeres, tauchten wir nach der Umsiedlung im Jahr 1811 auf, obwohl unsere Vorfahren – Petschenegen, Oghusen, Polowzer – hier vor tausend Jahren lebten. Die Gagausen in Bessarabien ließen sich näher am Wasser nieder. Und hier ist der Jalpuh-See, das Wasser ist nah. Tatsächlich kann man am Dorfeingang denken, dass man am Meer ist."

Das Wasser hat weder Anfang noch Ende. Der Jalpuh ist der größte natürliche See in der Ukraine, seine Fläche übersteigt die Fläche von Cherson.

„Jetzt leben mehr als viertausend Menschen im Dorf. Fünfundneunzig Prozent von ihnen sind Gagausen", berichtet die Bürgerrechtlerin. „Es gibt auch Bulgaren, Ukrainer und Moldauer. Kürzlich kamen einige Migranten aus der Region Donezk hinzu."

Das Kulturzentrum präsentiert altes gagausisches Kunsthandwerk: Weben, Flechten, Häkeln, Sticken, Töpfern.

„Wir behalten unsere Traditionen bei, aber alles, was den ukrainischen Staat betrifft, ist auch für uns sehr wichtig", versichert Olha.

Um dies zu bestätigen, hängt eine riesige ukrainische Flagge am Eingang des Zentrums. In der Schule mit Russischsprachigem Unterricht wird auch Ukrainisch unterrichtet. Gagausische Sprache gibt es nur eine Stunde pro Woche. Die Schüler lernen außerdem Englisch und Französisch.

An der Wand in Olhas Büro hängen Porträts gagausischer Schriftsteller, von denen ich, wie ich gestehe, noch nie gehört habe. Mihail Ciachir, Dionis Tanasoglu, Todur Zanet, Vasi Filioglu, Todur Marinoglu ... Die meisten von ihnen leben in der Gagausischen Republik, aber einige kommen auch aus dem Bezirk Bolhrad in der Region Odesa. Stefan Kuroglu zum Beispiel wurde im Dorf Dmytriwka geboren und Stepan Bulgar in Wynohradiwka.

Bis vor kurzem war die Gagausische Kultur weitgehend unentdeckt. Erst in den letzten Jahren wurden immer mehr Bücher von Gagausischen Autoren veröffentlicht. Bis 1991 wurde die gagausische Sprache in den Schulen überhaupt nicht unterrichtet.

In den 1990er Jahren wechselte das moldauische Gagausien hinüber zur lateinischen Schreibweise. Später, im Jahr 2008, schlossen sich die Gagausen an, der in der Ukraine leben. Der Leiter des Gagausischen Zentrums erklärt dies mit den Besonderheiten der Sprache:

„Wir haben viele Laute, die im Kyrillischen nicht wiedergegeben werden können. Dies sind zum Beispiel ‚ü', ‚ä', ‚ö'. Lateinische Buchstaben sind für uns besser geeignet."

Heimat für viele

In Wynohradiwka ist es ruhig. Weder Schüsse aus dem Osten noch laute politische Debatten aus Kyjiw oder Grenzlärm aus Lwiw kommen hierher. Das Dorf lebt in seinem eigenen Rhythmus: im Morgengrauen aufstehen, um Vieh zu füttern, auf dem Land arbeiten. Die Gagausenfamilien sind sehr fleißig, es gibt immer viele Sorgen.

Anastasija Tscheban, die wir besuchten, steht um vier Uhr morgens auf. Gewächshaus, Hühner, Ziegen, Schafe, Abendessen kochen. Sie ist eine großartige Köchin: Seit mehr als einem Vierteljahrhundert bereitet Anastasija auch Bestellungen für Hochzeiten und andere Feiern vor.

„Meine Mutter hat früher gekocht, und dann war es an mir", sagt die Frau im blauen geblümten Schal. „Sie müssen die Proportionen kennen, wie viele Personen. Als ich es zum ersten Mal tat, war ich besorgt, weil es so eine Verantwortung ist! Aber dann war alles nicht mehr schwer."

Auch jetzt stehen auf unserem Tisch aufwendige Gerichte: vor uns *Laanali*-Kohlsuppe, *Plov* aus Bulgur mit Lamm, *Kıvırma* (Fladenbrote mit Brimsen-Käse). Alles wird im heimischen Backofen zubereitet.

„Und manchmal ist das Kleinholz nass, versuche mal Feuer damit zu machen!", lacht Anastasija.

Die Gagausische Hochzeit macht Spaß. Mit ihrer Volksmusik und Traditionen. Zum Beispiel: alle mit Honig einschmieren, die Schwiegertochter in eine Decke wickeln, den Gästen Blumen schenken. Manchmal sind es *Gül* - Rosen.

Früher wurden die Rituale natürlich strenger befolgt man wanderte zwei oder drei Tage lang herum. Jetzt ist es weniger: Die Globalisierung diktiert ihre eigenen Regeln.

Die Menschen versuchen jedoch, die Traditionen zu bewahren. Einst heirateten Gagausen nur Gagausen, die jüngeren Generationen sind jedoch nicht mehr so prinzipientreu. Iwan Kapsamuns Großvater, ein ethnischer Gagause, heiratete beispielsweise eine Albanerin aus einem Nachbardorf, Iwans Vater heiratete eine ethnische Bulgarin und er heiratete eine Ukrainerin.

„Die Tradition geht allmählich zurück", gibt Tscheban zu. „Sie feiern in Restaurants."

Viele Gagausen lernen jetzt Türkisch und gehen zum Studieren und Arbeiten über das Schwarze Meer. Mehrmals deutet das Gespräch darauf hin, dass die Ukraine den Gagausen etwas Unbekanntes bleibt. Sie ist in ihrem Land fast nicht wahrnehmbar. Trotz des Krieges sind in den gagausischen Häusern hauptsächlich russische Fernsehsender eingeschaltet.

„Hat sich mit der Ankunft der unabhängigen Ukraine etwas geändert?", frage ich Maria Dimowa.

„Vielleicht dass es keine Arbeit gab. Keine Gehälter", antwortet die Frau.

„Gehen sie irgendwohin, um Ferien zu machen?", frage ich ihren Enkel.

„Wir gehen zum Arbeiten ins Ausland," sagt die junge Marjana, die gerade in die neunte Klasse eingetreten ist. „In die Türkei, nach Moskau, Odessa ..."

„Sprechen sie Ukrainisch?"

„Fast niemand. Und ebenso auch Russisch. Wenn ein Bulgare und ein Gagause sich nicht miteinander unterhalten können, dann sprechen sie Russisch."

Maria war in ihrem Leben noch nie im moldauischen Gagausien. Sie hatte keine Gelegenheit, die Ukraine zu entdecken. Gleichzeitig trifft sie fast täglich auf bulgarische, moldauische, albanische, griechische, rumänische und ukrainische Kulturen. Das farbenfrohe Budschak wurde zur Heimat vieler Völker. Aber nur für die Gagausen ist es die Einzige.

© Olesya Yaremchuk

Das Schicksal des Guldens

In Zusammenarbeit mit Marta Barnytsch.

„*Grüß Gott*", eine schlanke Frau in einem karierten Kleid nickt einer Nachbarin auf der Straße zu, während sie an der Kirche vorbeikommt. Dieser für Österreich und manchmal auch Bayern typische Gruß klingt im transkarpatischen Dorf Pawschyno so vertraut wie das ukrainische „*Slawa Isusu Chrystu*" (Gelobt sei Jesus Christus). Acht Kilometer vom Zentrum von Mukatschewo entfernt liegt eine ehemals rein deutsche Siedlung, in der noch Schwäbisch gesprochen wird, traditionelle Speisen zubereitet werden und *Weihnachten* nicht an Risdwo gefeiert wird. „Pausching" steht neben dem ukrainischen Namen auf dem Ortsschild am Eingang des Dorfes, das jedoch von vielen als entfernter Stadtteil angesehen wird. „*Ich gehe fort*. Aber ich komme bald zurück", wirft der Sohn seiner Mutter zu, während er das Schild umrundet, einer von denen, die zwischen den beiden Sprachen hingen und vielleicht zwischen Jahrhunderten.

Gebet

„Ich wurde mit sieben Monaten geboren, meine Mutter dachte, ich würde sterben", sagt Eva, humpelt durch den Raum und bewegt langsam ihre schweren Beine. „Auch meine Großmutter Maria Tellinger war besorgt."

Licht von außen kriecht langsam in den dunklen Raum und Schatten beginnen auf den vergilbten Wänden des alten Hauses zu flackern. Stille, die du in der Stadt nicht kennst. Nur das tapfere Schlurfen der älteren Frau unterbricht die Stille.

„Ich habe seit Geburt einen Klumpfuß, deshalb hinke ich, versteht ihr? Aber irgendwie habe ich es überlebt. Ein Pope kam zu uns ins Haus und taufte mich auf den Namen Eva."

Die siebzigjährige Eva Walerijiwna Gabel, eine Schwäbin ihrem Ururgroßvater nach, erinnert sich an das vollständig deutsche Pawschyno.

„Früher war fast das ganze Dorf so", erinnert sie sich. „All diese Häuser sind deutsch. An *Weihnachten* gingen wir in die Kirche, um Weihnachtslieder auf Schwäbisch zu singen. Die ganze Familie feierte völlig ausgelassen. Und an *Ostern* machten wir *Osterhasen*, Brot wurde im Ofen gebacken, Osterkuchen, Hasen wurden aus Teig geformt. Hausgemachte Wurst wurde gemacht. Dann gaben sie alles den Kindern. Die Häuser waren alt. Aber sie sind anders gebaut. Ich ging auf die Palanok-Schule, die Lehrer waren Deutsche, sie unterrichteten auf Deutsch. Meine Großmutter könnte euch erzählen, sie wusste mehr. Ich habe schon mehr unter den Sowjets gelebt. Es war schwer. Kolchose, wir arbeiteten auf den Feldern, pflanzten Kürbisse, Kohl, und als ich dreizehn war, ging ich anstelle meiner Großmutter zur Arbeit. Die Familien hatten eigene Kühe. Mutter fuhr mit den Viehwagons nach Leningrad. Sie brachten ihre Kühe dorthin, um sie schlachten zulassen. Und ich ging im Alter von 16 Jahren in die Fabrik, weil es nichts zum Leben gab. Meine Mutter hat mir ein paar Stoffsandalen mitgebracht, damit ich nicht barfuß war."

„Wir haben gebetet, als es schwer war", sagt sie. Dann Schweigen. „Walter, bring mir die Bibel", ruft sie ihrem Enkel zu.

Nach einer kurzen Pause bringt der Junge ein altes vergilbtes Buch aus dem Nachbarraum, mit einem abgeriebenen Rückentitel. Eva nimmt es vorsichtig in die Hand, öffnet es und fährt mit den Fingern über die engen Zeilen der altdeutschen gotischen Schrift.

„*Am Anfang schuf Gott Himmel und Erde*", liest sie. „Oma hat mir gesagt, dass ich dieses Buch behalten soll. Weil es heilig ist."

Die Donau hinab

Die Sprache, die ihr hört, ist Altschwäbisch.

Kateryna Bysaha, die Sekretärin des Dorfrats von Pawschyno, sammelt neben ihrer normalen Arbeit historische Erwähnungen der deutschen Siedlung, in der sie geboren wurde. Sie hat selbst deutsche Wurzeln und wechselt leicht hinüber zum schwäbischen Dialekt.

„Die Deutschen kamen 1739 ins Dorf", sagt sie, würzt den Kaffee mit Fakten und zieht deutsche Schokolade unter dem Tisch hervor. „Im XVII. und XVIII. Jahrhundert führten die ungarischen Feudalherren, die zu dieser Zeit Transkarpatien regierten, hier Krieg gegen die Habsburger", sie holt Unterlagen mit Notizen aus der Schublade. „Nach der Niederlage verließ der siebenbürgische Fürst Ferenc *Rákóczi*, der selbst die nationale Befreiungsbewegung des ungarischen Volkes anführte, seine ehemaligen Besitztümer für immer. Mukatschewo Schloß Palanok und alle umliegenden Länder gab der Kaiser einem Nachkommen der aristokratischen deutschen Dynastie, dem Grafen Lothar-Franz von Schönborn. Der ziemlich alte und, wie es sein sollte, kinderlose Bischof gab die Herrschaft über sein Gut weiter an seinen Patensohn. Daraus entstand die Welle einer Massenansiedlung deutschsprachiger Bevölkerung in Transkarpatien."

In ihrem grünen Kleid mit wunderschön frisiertem dunklem Haar ist Kateryna den Gräfinnen der Vergangenheit ziemlich ähnlich, die uns von den Gemälden, die im Gebäude des Dorfrats an der Wand hängen, beobachten.

„Meistens kamen Handwerker, ‚*Schlosser*', hierher. Um ins bewaldete Transkarpatien zu gelangen, als die Postkutschen das schnellste Transportmittel waren, mussten sie ein wahres Drama durchmachen. Der einzige und schnellste Weg, sich fortzubewegen, waren ... Flüsse. Ermutigt, zu den Gütern von Schönborns zu reisen, verkauften die Deutschen ihr Eigentum, behielten nur das Nötigste und bauten von dem gesammelten Geld ein Schiff, also ein selbstgemachtes Boot, eher ein Floß. Sie luden ihre Habseligkeiten auf und fuhren die Donau hinab ... Nach Wien. Dort erhielten sie Geld. Ein Gulden pro Kopf wurde ihnen für die Umsiedlung gezahlt. Dies ist eine Goldmünze, die vom vierzehnten Jahrhundert in Deutschland im Umlauf war. Wenn die Familie viele Kinder hatte, gab es drei."

Diese verlockende Zahlung, ein oder mehrere Gulden, verursachte einen ganzen Strom von Umsiedlungen deutscher Familien nach Transkarpatien. Wer hätte gedacht, dass dies das Los der goldenen Münze sein würde?

„Mit dem erhaltenen Geld kauften die Deutschen Pferde, schlugen ein Lager auf", sagt Kateryna. „Und sie setzten ihren Weg fort, durch gefährliche unbewohnte Urwälder, nun zu Fuß. Sie reisten aus verschiedenen Teilen des Reiches ein. Wir haben Familien aus Württemberg und Hessen, und aus Landstrichen näher an der tschechischen Grenze. Deshalb sprechen unsere Pawschyno-Deutschen anders als zum Beispiel die, die im Dorf Schönborn leben."

Auch die Aussprache unserer Fremdenführerin birgt einen kleinen schwäbischen Akzent. Wir gehen nach nebenan zum deutschen Kulturzentrum, Kateryna zeigt uns Karten deutscher Siedlungen und bereits aktuelle Fotos von ihren Reisen nach Deutschland. Dann führt sie uns zu einem kleinen weißen Haus, das in einem grünen Garten steht und vollständig von Wein umrankt ist.

Dies waren die Wohnungen, in denen einst die Siedler lebten. Die rostigen Haustüren geben nicht nach, nur bei starkem Druck springen sie als Reaktion auf. Die Küche ein paar Quadratmeter, ein spinnwebenbedeckter Ofen. Bescheidenes Geschirr.

„In Transkarpatien angekommen, erhielt jede Familie ein langes, schmales Grundstück, auf dem sie Häuser bauten", erklärt Kateryna. „Sie gaben so wenig Raum, dass es gerade reichte, um den Wagen zu wenden. Sie mussten einen gemeinsamen Hof zwischen zwei Häusern teilen. Deshalb haben sie solch eine Anlage."

Zu dieser Zeit waren Umsiedlungswellen nicht überraschend. Die Kolonialisierung Mittel- und Osteuropas war für die Deutschen an der Tagesordnung und sogar eine Mission. Darüber schreibt insbesondere Claudio Magris, der die österreichische und deutsche Kultur erforscht, in seinem Buch *Die Donau*. Der Beginn des XVIII. Jahrhunderts war die Zeit der wagemutigen kleinen Schiffe, die das Element im Namen des geopolitischen Projekts Mitteleuropa, geschaffen von deutschen Intellektuellen, überwanden. Ein solches Schiff, das Moidle-Schiff, „mit 150 jungen Frauen aus Schwaben und Bayern, segelte 1719 die Donau hinunter und wurde von Prinz Karl Alexander von Württemberg nach dem Frieden von Požarevac geschickt. Unteroffiziere, die in der Rolle der deutschen Kolonisatoren im Banat blieben, damit sie dort heiraten und eine schwäbische Präsenz aufbauen konnten." Zwanzig Jahre später fuhren solche Schiffe auf dem gleichen Weg nach Transkarpatien.

Ne zwangkajte – Plappert nicht!

1991 waren in Pawschyno von den 1.200 Einwohnern fast alle Deutsche", sagt Kateryna bereits etwas erschöpft. „Nur drei Familien waren Ukrainer. Irgendwann gab es eine Welle, dass Ukrainer und Deutsche einander heirateten, als ob sie alle blöd geworden waren. So ist meine Familie, wo mein Vater Ukrainer und meine Mutter Schwäbin ist. Wenn meine Mutter wollte, dass mein Vater uns nicht versteht, sprach sie mit mir auf Deutsch. Darüber empörte er sich immer mit den Worten: ‚Ne zwankajte!' Weil er es nicht verstand. Aber meistens war es umgekehrt. Als ich in die erste Klasse ging, konnten die meisten Kinder kein Ukrainisch. Von den neun Schülern verstanden es nur zwei. Der Rest sprach ausschließlich schwäbisch, weil sie es in der Familie verwendeten. Ihr hättet den Akzent hören sollen, mit dem meine Klassenkameradin sprach!" Sie lacht. „Ja, laut Volkszählung von 2015 gab es im Dorfrat nur 44 deutsche Familien, 153 gemischte und 198 ukrainische Familien. Viele sind im letzten Jahrzehnt fortgegangen. Aber die meisten deutschen Dörfer begannen sich mit dem Aufkommen der Sowjetmacht zu verändern."

Stalin und „die Ungarn"

„Sie kamen und nahmen den Ehemann meiner Schwester mitten in der Nacht mit. Er wurde nach Tjumen ausgewiesen."

Magdalena Hudak, Vorsitzende der Deutschen Gesellschaft „Palanok", holt ein vergilbtes Dokument mit einem maschinengeschriebenen Datum heraus: 4. April 1991. An diesem Tag erhielt Magdalena eine „Bescheinigung", dass das 1945 gemäß § 6 des Dekrets des Volksrates der Ukraine verhängte Urteil durch eine Entscheidung des Landgerichts aufgehoben wurde. „Das Strafverfahren wurde aus Mangel an Beweisen für strafbares Handeln eingestellt." So wurde der 1913 geborene Adalbert Leingardowytsch Gerber posthum rehabilitiert.

„Wir wollten Gerechtigkeit bekommen", sagt Magdalena trocken, umklammert reflexartig ihr Handgelenk und dreht nervös an ihrer Uhr.

Von hier wurden viele Menschen nach Sibirien deportiert. Natürlich für nichts. Dafür, dass sie Deutsche waren.

Mit dem Aufkommen der Sowjetunion wurden die Deutschen, die in zwei Jahrhunderten ein organischer Bestandteil der authentischen Bevölkerung wurden, zu Feinden. Sie mussten verschwinden, das war ihr Urteil. Als Pawschyno sich in der UdSSR befand, verließ ein Drittel das Dorf. Alle anderen wurden Ungarn. So ein Eintrag im Pass konnte Leben retten.

„So eine kleine Russin kam in den deutschen Bezirk Palanok", erinnert sich unsere Gesprächspartnerin. „Sie registrierte sie alle so: ‚Ungar'. Deutsche wurden wir erst wieder in der unabhängigen Ukraine."

Geschichten von Vertreibungen und Repressionen gegen Deutsche zu Stalins Zeiten sind in mehr als einer transkarpatischen Familie zu hören. Viele wurden in den Donbass gebracht.

„Meiner verstorbenen Großmutter haben sie fünf Kinder weggenommen, deportiert", erinnert sich Eva Gabel. „Nur eines hat sich versteckt. Die Deutschen wurden abgeführt. Aber Mutter wurde nicht weggebracht, weil sie zwei Kinder hatte. Sie hatten Mitleid. Aber meine Großmutter konnte nur Deutsch. Und so sah sie aus: sie trug ein deutsches Kleid mit einer weißen Bluse, die sie an einer Nähmaschine genäht hatte. Singer, kennt ihr? Nur wenige Menschen sind aus dem Donbass zurückgekehrt."

Solo

Es war wirklich so, Magdalena macht eine Pause, denkt nach und erinnert sich plötzlich, dass sie Kaffee wollte. „Silvia!"

Eine Frau, die in der Gesellschaft „Palanok" bei allgemeinen Aufgaben hilft, eilt sofort herbei mit drei Tassen auf einem Tablett. Zwischen den auf dem Tisch ausgebreiteten Fotos ist kaum Platz.

„Hier ist meine Großmutter Maria Kainz, und hier ist mein Großvater Joseph. Er hat den Bahnhof Mukatschewo gebaut", sagt Magdalena stolz. „Alle waren Deutsche und zu Hause sprachen sie meistens so. Viel gesungen haben sie. Manchmal war es der einzige Trost, ein seltsames Gefühl."

Im Kulturverein gibt es den Chor *Singende Herzen*, geleitet von Magdalena. Die Chorsänger haben viele europäische Städte bereist.

„Wollt ihr nächstes Jahr mit mir kommen?" Wir verstehen nicht ganz, worüber unsere Gesprächspartnerin scherzt, während sie streng unter ihrer Brille hervorschaut. „Einige meiner Mädchen haben dort erfolgreich geheiratet", sagt sie. Wir lachen und danken ihr für die „Chance".

Unter dem Schirm der Gesellschaft finden viele kulturelle Veranstaltungen statt, Konzerte, Festivals.

„Wir hatten ein Festival der nationalen Minderheiten. Sogar Otto von Habsburg kam 1994 zu uns! Grauer Anzug, schönes graues Haar, Krawatte. Tante Magda hat alles gesehen. Und wir hatten eine Gräfin bei uns. Kennt ihr Gräfin Schönborn?"

Chruschtschow und die Gräfin

Diese Frau könnte meine Großmutter sein. Die Großmutter von jedermann. Kurzes, zerzaustes silbergraues Haar, mit der Zeit blass gewordene Haut. Die ganze Gestalt leicht geschrumpft, gleichsam eingetrocknet. Ein einfaches Kleid, ein T-Shirt, bequeme Schuhe, die ein junges Mädchen niemals tragen würde. Würde diese Großmutter mit einer Pflanze verglichen, wäre sie definitiv eine Blume. Mit freundlichem Lächeln, strahlend, nur der Stock deutet auf das Alter hin. In der heutigen Gräfin Christina von Schönborn-Buchheim ist es schwierig, die majestätische und stattliche dunkelhaarige Aristokratin zu erkennen, die sie vor einem halben Jahrhundert war. Zusammen mit den schicken Hüten und eleganten Kleidern warf sie die Vergangenheit ab, behielt nur Erinnerungen. Erinnerung und Wohlwollen verbinden sie mit dem ukrainischen Transkarpatien.

Immerhin war der letzte Besitzer der transkarpatischen Burg Beregvar in der Zwischenkriegszeit ihr Ehemann, Graf Georg-Erwin von Schönborn-Buchheim. Als der Krieg 1939 heranrückte, da verließ die Familie des Grafen, auch wenn sie die Gefahr ihrer Situation erkannte, nicht das Haus. Obwohl jeder wusste, dass sich Hermann Göring, Adolf Hitlers engster Verbündeter, für ihr Anwesen interessierte. Der Reichstagspräsident wurde in der Eile, sich die Burg anzueignen, nicht nur von den Schönborns selbst zurückgeschlagen. Auch die Regierung der neu geschaffenen Karpaten-Ukraine unter der Führung von Awgustyn Woloschyn war dagegen. Die Umstände halfen jedoch an keiner Front: Die Ungarn, Verbündete der Deutschen, wurden von der sowjetischen Armee vertrieben. So stieg der junge Graf Georg-Erwin im September 1944 in ein Auto und verließ sein Heimatland mit dem ukrainischen Fahrer für immer. Er erzählte seiner Frau Christina wiederholt von den wunderschönen Wäldern und dem märchenhaften Herrschaftsschloss. Und vor seinem Tod bat er sie, dorthin zu fahren.

Die Gräfin folgte dem Wunsch ihres verstorbenen Mannes. Nach dem Zusammenbruch der Sowjetunion besuchte sie 1994 erstmals Transkarpatien. Magdalena Gudak zeigt uns Fotos von den zahlreichen Besuchen der Aristokratin.

„Sie hat bei meiner Schwester gewohnt“, erinnert sie sich an ihre ersten Besuche. „Wir erhielten einen Anruf aus Uschhorod und erfuhren, dass Gräfin Christina kommen würde.“

Sie knüpfte Kontakte zur deutschen Minderheit und zögerte trotz ihres vorgerückten Alters nicht, ihr unbekannte Leute in einem damals niemand bekannten Land zu besuchen.

„Wir haben bis heute ein wunderbares Verhältnis zur Gräfin. Das letzte Mal war sie vor zwei Jahren hier, denn sie ist schon etwas betagt, sie ist fast achtundachtzig, es ist schwer zu fahren. Aber du würdest sehen, wie schön sie malt! Sie ist auch Künstlerin. Sie mochte die hiesigen Landschaften", lächelt Magdalena. „Ihr Auftreten war freundlich und einfach. Sie hat mit allen gesprochen. Sie half den Krankenhäusern sehr, insbesondere dem regionalen Kinderkrankenhaus."

1997 wurde der Gräfin der Titel einer Ehrenbürgerin von Mukatschewo verliehen, sie nennt es ihre zweite Heimat. Die Straße unter Mukatschowos Palanok-Schloss wurde nach Gräfin Christinas Ankunft nach dem Grafen von Schönborn benannt.

Und in der Burg Beregvar ist jetzt das Sanatorium „Karpaty". 1958 besuchte der sowjetische Generalsekretär Nikita Chruschtschow das Anwesen, und nach seiner Entscheidung wurde aus dem luxuriösen Gebäude mit romantischen Türmen und vielen roten Ziegeldächern ein Kurort. Das Sanatorium ist noch heute in Betrieb. In dem Haus, das Graf Georg-Erwin von Schönborn-Buchheim 1944 in dem Auto verließ.

Danach

Bei einem der Häuser von Pawschyno ist es laut, im ganzen Hof sind lange Tische aufgestellt, auf schmalen Bänken sitzen respektable Gäste des Dorfes. Die Gruppe aus Deutschland und Österreich, die eine Reise durch osteuropäische Städte unternimmt, fuhr über Rumänien und die Republik Moldau in die Ukraine. Eine Zufallsbegegnung. Wir beteiligen uns an der Unterhaltung, werden mit köstlichen Süßigkeiten und Kaffee in weißen Tassen mit goldenen Rändern verwöhnt. Viele tragen blaue Hemden: die erkennbare Liebe der Deutschen und Österreicher zu diesem Kleidungsstück. Dr. Arthur Günther, mit dem wir zufällig auch ein Gespräch führen, verrät die Tradition nicht. Er arbeitet als Wirtschaftsberater in Wien. Er kam in die Ukraine, weil er sich für slawische Sprachen und Osteuropa im Allgemeinen interessiert.

„Und mein Urgroßvater hat hier in der örtlichen Kirche geheiratet. Hier, meine Mutter hat mir einen Brief geschrieben, schaut mal. Dr. Christoph Pale. Er heiratete hier 1893. Dann kam Österreich-Ungarn, er regierte die Herrschaft des Grafen Schönborn."

Kateryna sagte, der kinderlose Bischof habe seinem Patensohn die Verwaltung der Herrschaft anvertraut. Vielleicht war er jener Patensohn?

„Kann sein. Er ist hier begraben. Es tut mir wirklich leid, aber ich kenne seine Geschichte überhaupt nicht", gibt Arthur Günther zu, ein Nachkomme von Christoph Pale, Gouverneur der Herrschaft Schönborn.

Nockerl

Eva, mit der wir am Anfang gesprochen haben, wohnt direkt neben dem Haus, in dem die Österreicher wohnen. Sie weiß nichts über die Ankunft einer ganzen ausländischen Delegation im Dorf.

„Na und? Jetzt gibt es größere Probleme. Wir müssen irgendwie damit fertig werden." Eva gibt zu, dass es schwierig ist, über die Runden zu kommen. „Aber es ist überall gleich, das sind die Zeiten", sagt sie und bringt einen Teller Kartoffelpuffer vom Herd. „Das sind *Kremslyky*. Nimm, probier. Ich hätte euch Nockerl gemacht, wenn ich gewusst hätte, dass ihr kommt. Kennt ihr nicht? Eier, Wasser, Mehl, sehr lecker, gibt es auch mit Käse."

Ich kenne sie, weil ich kürzlich mit meiner Schwester in Wien Nokerl gekocht habe. Interessant, dass ein in Österreich und im italienischen Tirol beliebtes Gericht hierherkam. So etwas wie Knödel: Sie werden mit Hilfe eines speziellen durchlöcherten Nudelsiebes hergestellt, das wahrscheinlich auf keinem ukrainischen Markt zu finden ist. Es ist dieses Nudelsieb, das Eva aus dem Küchenschrank zieht.

„Das hier, siehst du? Es ist sehr einfach, Du kannst sie jeden Tag und preiswert machen. Und was kann ich dir noch sagen?" Sohn Ernest und Enkel Christian kommen am Haus vorbei. „Das sind meine Kinder. Meine Schwester ging nach Deutschland, sie lebt dort mit ihren Kindern, aber ich bin hiergeblieben, weil mein Mann nicht gehen wollte. Der älteste Sohn lebt hier bei mir, ich habe eine Urenkelin. Sie spricht sowohl Ukrainisch als auch Schwäbisch. Alles fällt ihr leicht. Stimmts, Karoline? *Komm zur Oma.*"

„Komm zur Oma", sagt sie auf Deutsch. Ein kleines blondes Mädchen rennt im Hof um die Spielsachen herum und streckt die Hand aus nach der alten Frau. Es sitzt auf ihren Knien, ein wenig verlegen, klammert sich an die Brust seiner Großmutter. Eva lächelt:

„Wohin würde ich ohne sie gehen?"

© Olesya Yaremchuk

Musik auf Holzlöffeln

In Zusammenarbeit mit Marta Barnytsch.

„Gott bewahre, dass du sie Zigeuner nennst. Sie sind Walachen, und obwohl sie manchmal als ‚weiße Zigeuner' bezeichnet werden, sind sie es nicht. Zigeuner ziehen umher, und die Walachen sind schon lange hier, so wie wir. Sie leben und arbeiten. Machen Holzlöffel."

Mychajlo Mychajlowytsch, der Leiter des Dorfes Obawa in der Nähe von Mukatschewo in Transkarpatien, biegt scharf von der Straße ab. Staubwolken wirbeln unter den Rädern des alten Autos hervor, und die von der Augustsonne erhitzte Luft wird noch unerträglicher. Der Starost schlägt rasch die Tür des kleinen Opels zu und führt uns schnell zur Abzweigung.

„Musytschna-Straße. Das ist hier."

Rhythmen

„In dieser Straße lebte einmal ein alter Walache und spielte Trommel. Er pflegte zu sagen, dass es ein Instrument ist, das den Herzschlag wiedergibt. Seine Trommel war anders, nicht so wie jetzt. Er hängte sich den Riemen über die Schulter, setzte sich auf den Hof und schlug seine Rhythmen. Deshalb heißt sie Musikalische Straße."

Alle Walachen von Obawa leben hier. Zweiundfünfzig Häuser, dreihundertachtzig Menschen.

Der Mann in den Vierzigern erklärt, wie es zu dem Namen der Straße kam, schaut aber, überwältigt von unserem unangemeldeten Besuch, ungläubig die Fremden, also uns, an. Da sie etwas Ungewöhnliches hören, rennen die Nachbarskinder herbei. Die Jüngsten schauen mit Bewunderung auf die große Kamera, blicken in das Objektiv und fragen, „werdet ihr uns im Fernsehen zeigen?" Es ist unmöglich, den Blick von ihren riesigen blauen und braunen Augen abzuwenden. Wir sind umgeben von einem angenehmen Getümmel, einem geschäftigen Treiben, alle sind ein bisschen aufgeregt. Aus der Ferne klingt Musik, die Straße scheint aufgeregt zu tanzen und untermalt die Realität mit einem verborgenen Rhythmus. Wassyl, unser Gesprächspartner, streicht die Hose eines blauen Sportanzugs glatt. Er findet ein wenig Selbstvertrauen und öffnet das Tor zum Hof: „Kommt herein."

Eine Dynastie von Löffel-Machern

Wir ziehen unsere Schuhe aus, der Boden im Haus ist sauber, gefegt. Wir betreten den Raum und hinter uns eine ganze Reihe von Kindern von der Straße. Es riecht nach Holz.

„Pappel, Weide, Linde. Alles geht. Ich mache, wie meine Eltern und Urgroßeltern, schon lange Löffel aus Holz. Die ganze Straße macht das. So verdienen wir unseren Lebensunterhalt." Wassyl zeigt einen Berg großer Löffel, die auf dem Bett ausgebreitet und dicht vom Licht des Fensters überflutet sind. Er nimmt ein paar und geht sie langsam mit den Fingern durch. „Wir wissen immer noch, wie man Holztröge macht. Und Wein. Mein Vater hat eine

Presse. Aber um die Wahrheit zu sagen, gehen junge Leute jetzt schon weg zur Arbeit. Sie gehen nach Polen, in die Slowakei. Wer daran gewöhnt ist, verdient noch wie früher in Moskau. Möchtet ihr in die Werkstatt schauen?", fragt er und führt uns auf unser erfreutes „Ja" hin zum nächsten Haus.

Im Hof und in der Garage wird gearbeitet. Eine Frau mit Grübchen auf den lächelnden Wangen und einem nicht weniger fröhlich aussehenden Mann mit hervorlugendem Bauchnabel unter einem hochgerollten T-Shirt hobeln Löffel. Ein meditativer Prozess, bei dem man lange zuschauen kann, Flucht aus der umliegenden Hektik. Das Hobeln, Klappern und Ächzen von frischem Holz hallt wider im Rauschen der grünen Kronen in den Obstgärten. Wutsch, wutsch, wutsch – selbst die Kinder, unser treues Geleit, schweigen und flüstern nur gelegentlich.

„Ich mache das schon seit zwanzig Jahren. Vor mir haben meine Eltern Löffel gehobelt, und von ihnen habe ich gelernt. Es dauert ungefähr anderthalb Stunden, um einen Löffel herzustellen. Wir schnitzen Holz von einem festen Baum. Mit *Katschuschkas*, Handhobeln. Das ist eine *Katschuschka*," der Mann zeigt das Werkzeug. „Dann gehen wir von Stadt zu Stadt und verkaufen sie. Welche sind die besten? Die aus Weide und Pappel sind am einfachsten herzustellen. Aber die Stärksten sind die aus Lindenholz."

Als die Stimme des Mannes das rhythmische Hobeln unterbrach, wurden die Kinder merklich mutiger. Sie drängten sich immer noch am Zaun, in „sicherer" Entfernung, aber ihre Witze werden lauter und ihr Lächeln breiter. Wir winken ihnen aufmunternd zu, näher zu kommen. Vergeblich.

„Welche Namen sind bei euch üblicher?", fragen wir Wassyl.

„Jura, Iwan, Serjoscha, Karina, Roksolana. Die Namen sind alle beliebt. Wie man mag."

„Und eure, die walachischen?"

„Gibt es nicht. Das ist schon beendet, es ist nicht mehr, wie es einmal war. Jetzt ist alles Ukrainisch. Roksolana hier zum Beispiel ist zu Ehren unserer Roksolana benannt, die aus Rohatyn stammte. Sultan Süleymans Frau."

Vor Graf Dracula auf der Flucht

„Unsere Vorfahren waren sehr stark und kräftig. So hat die Großmutter erzählt", Wassyl, Walache vom Ururgroßvater her, selbst Vater, Landbesitzer, Geschäftsmann und auch Vertreter der nationalen Minderheit im Dorfrat, lädt uns in sein Auto ein, um uns zum betagten Großvater zu bringen, der sich an mehr erinnert.

„Ich weiß nicht viel." In der Nähe, in Rumänien, gibt es die Region Walachei, gehört? Von dort sind wir gekommen. Unsere Vorfahren. Alle meine Verwandten kommen von dort. Ich weiß nicht einmal, wer sich zuerst hier niedergelassen hat, sehr weit entfernte Familienangehörige, die Urgroßväter. Aber meine Eltern sagten, dass unsere Vorfahren vor Graf Dracula aus der Walachei geflohen sind. Die Legende des Vampirismus ist eine Fiktion. Aber der echte Graf Vladislav Dracula war sehr grausam. Er war reich, er sah die Menschen als sein Eigentum an. Die Menschen hatten keine Pässe, genauso wie in der Sowjetunion, es gab nichts. Dann tötete er sie ungestraft, und spießte sie auf. Er machte, was er wollte. Und die Leute flohen. Sie suchten nach einem besseren Ort. So erreichten die Walachen Transkarpatien. Hier, Großvater, erinnert sich besser", unser Fahrer biegt ab von der Straße, fährt nicht weiter. Wir gehen zu Fuß.

Der alte Janko

„Mutter, Vater, Brüder, sie sind alle gestorben", sagt der alte Herr auf unseren Gruß. Die zwei Fremden, die selbstsicher die Schwelle des kleinen Hauses mit Fliesenboden überschreiten, überraschen ihn überhaupt nicht.

Das Haus von Opa Janko, das vor mehr als einem Jahrhundert von seinen Eltern gebaut wurde, steht im selben Hof wie ein anderes, das größere und modernere Haus seiner Enkelkinder. Diese Anordnung ist typisch für die ukrainischen Walachen, die oft in Gruppen von mehreren Familien leben. Wenn man das Tor öffnet, stellt man sich ein oder zwei Häuschen dahinter vor, betritt aber ein bizarres Labyrinth aus Gebäuden, die durch Familienbande verbunden sind.

„Tröge wurden gemacht. Wisst ihr, aus Holz?", erklärt Janko und zweifelt, ob wir solch einen archaischen Haushaltsgegenstand kennen. „Löffel ebenso, Nudelhölzer. Und hölzerne Bänke haben wir aus Pappeln oder Eschen gemacht", der Opa spricht das „l" sehr schön weich, ganz auf transkarpatische Weise, woraufhin wir lächeln.

Als er unsere glücklichen Gesichter sieht, lächelt als Antwort schließlich auch er. Seine feuchten bernsteinfarbenen Augen unter schweren Augenlidern funkeln zufrieden in der Sonne. Die Mittagsstrahlen kriechen in die entlegensten Ecken, sogar unter das niedrige Dach des Vorraums. Die Zeit hängt sich auf im Strom der heißen Luft, erstreckt sich über Jahrzehnte. Der träge Wind lüpft achtlos ein Spinnennetz. Weiß wie Jankos Haare.

Peng! Peng! Bang!

Die Kinder brechen in Gelächter aus und werfen uns aus unserem Mittagsnickerchen. Ein flinker Junge von ein Meter Größe läuft vor einem lachenden Publikum herum. Er hat von irgendwoher eine kleine alte Metallwanne, dreht sie auf den Kopf und versteckte sich darunter: regelmäßig springt er darunter hervor, erschreckt seine Spielkameraden und wirbelt Wolken von Staub auf.

Wir beobachten durch die weit geöffnete Haustür seine Streiche.

„Meine Frau ist schon vor langer Zeit gestorben", erzählt der alte Walache, als würde er aus einem Tagtraum erwachen, „und meine Freundin ist gestorben, ajno." Und ein Sohn starb. Und der zweite ist jetze gestorben, ajno. Aber dafür leben immerhin alle meine Enkelkinder. Aber mein Enkel ist schon krank und ich bin nicht gesund. Ich habe Ischias in den Beinen und im Rücken, was soll ich machen."

„Und in welchem Jahr wurden Sie geboren?" Wir unterbrechen den Monolog und sind ernsthaft interessiert am Alter des Opas, der alle seine Kinder überlebt hat.

„33. Und meine Frau Erika, Era, 30. Das Kindermädchen und die Mutter kamen aus Rumänien, und wir wurden hier geboren."

Der alte Mann schafft eine Art biblische Atmosphäre der Ewigkeit. Es scheint, als würde alles vergehen und unser Janko wird bleiben. Für immer. Er wird sitzen, so wie er gerade vor uns sitzt und seine Füße in den Boden wachsen lassen.

„Gesundheit für euch, und euren Vätern und Müttern viele Jahren!" Plötzlich verabschiedet er sich und sieht uns zu, wie wir von unseren Stühlen aufstehen.

Der Lehrer der Gemeinde

„Wir müssen ihnen Süßigkeiten kaufen", denken wir und sprechen den Dorfvorsteher auf die walachischen Kinder an.

„Süßigkeiten?", überlegt Mychajlo Mychajlowytsch. „Egal wie viel ihr kauft, es wird nicht genug sein", lacht er. „Ich habe in ihrer Straße gelebt, ich kenne sie gut, meine Mutter lebt immer noch dort. Allgemein kann man mit Sicherheit sagen, dass die Walachen einen normalen sesshaften Lebensstil führen, es gibt reichere Familien, es gibt ärmere. Heutzutage gibt es mehr von jenen, weil die meisten Familien viele Kinder haben, und dies führt manchmal zu Missverständnissen. Aber die Walachen selbst sind problemlos und betreiben weiterhin das Handwerk ihrer Vorfahren, die Herstellung von Löffeln. Vielleicht treiben die Kinder Schabernack. Mal steigen sie in einen Garten, mal pflücken sie Kirschen anderer Leute. Aber nichts Schlimmeres."

Eine zufällige Passantin auf der Straße, eine Ukrainerin, sagt auch, dass alle mit den Walachen gut klarkommen.

„In diesem Jahr sind fünfzehn Kinder aus der walachischen Bevölkerung und nur fünf aus dem Rest des Dorfes eingeschult worden", sagt Mychajlo Mychajlowytsch über den demografischen Wandel in Obawa. „Unser Grundschullehrer hat den Titel Lehrer der Gemeinde erhalten, weil er allen Walachen das Lesen beigebracht hat. Geh in die dritte Klasse: Alle Kinder schreiben, rechnen, lernen. Und wenn du dir die Erstklässler ansiehst, beherrschen sie nicht einmal die ukrainische Sprache, nur Rumänisch."

Das Mädchen

„Es ist wahr, alles wird vergessen", sagt Wassyl traurig und reibt sich den Hinterkopf. „Die Kinder gehen bei uns zur Schule und sprechen immer weniger Rumänisch, ich vergesse auch langsam die Sprache. Mit wem du Umgang hast, so sprichst du auch. Im Ausweis steht ‚Ukrainisch'. Aber es ist gut, mehr als eine Sprache zu kennen. Die ältere Generation spricht gut Rumänisch, die jungen Leute nicht."

Wir verabschieden uns und gehen zur Haltestelle des Busses, der schon beinahe geschmolzen in der wahnsinnigen Hitze fährt. Erneut rennen zwei Mädchen auf uns zu. Sie schauen wieder interessiert in die Kamera. Die kleine Jana blinzelt mit blaubeerschwarzen Augen und bricht in schüchternes Gelächter aus, während die ältere, rothaarige Alina, die etwa zwölf Jahre alt ist, Janas Hand vorsichtig festhält, als würde sie sie beschützen. Sie unterhalten sich auf Rumänisch und teilen Bruchstücke ihrer Unterhaltung mit uns.

Irgendwo im Hintergrund ist wieder Musik zu hören. Das Dorf schlägt den Rhythmus, den wir am Anfang gehört haben. Steine unter den Füßen, Teller in der Küche, Pantoffeln rutschen aus, Bellen, Pforten schließen, Schlösser werden geöffnet, Wasser geholt, überreife Pflaumen gepflückt. Und ein leises Hobeln im Takt.

„Was ist das?"

„Das sind doch die hölzernen Löffel in den Händen!", prustet die Kleine und rennt zum Ende der Straße.

© Serhij Poleschaka

Das polnische Experiment

I. Kämpfe mit Schnee

Im Winter konnte man auf den Dächern laufen: nur der Schornstein lugte unter dem Schnee hervor. Der Steppensturm verzehrte alles wie eine unersättliche Bestie. Rundum nur blendendes Weiß und keine Wegzeichen. Wenn du dich verirrtest, würdest du erfrieren.

Maria Kwiatkowska erinnert sich nicht gern an ihre Kindheit.

„Wir haben jeden Tag Schnee geschaufelt, schufen Durchgänge", erzählt sie. „Und so ging es den ganzen Winter."

Maria ist eine in Kasachstan geborene Polin. Ihre Eltern sowie 8.300 weitere Familien aus dem polnischen Marchlewki-Nationalbezirk wurden von den sowjetischen Behörden aus der Region Schytomyr deportiert.

„Im Frühjahr ging ich Ähren suchen", sagt sie mit ruhiger Stimme. „Nach der Ernte des Mähdreschers blieben kleine Ähren auf dem Feld."

„Im Herbst durften wir sie nicht auflesen, im Frühling aber war es erlaubt. Das war unsere Rettung. Sie wurden auf dem Herd getrocknet oder geröstet."

1947 gab es für das Mädchen zum Frühstück eine Handvoll Weizen. Nichts mehr. „Es gab nichts zu essen, und wenn du etwas aus der Fabrik klautest, dann gnade dir Gott." Maria berichtet, wie viele Kilogramm du gestohlen hast, so viele Jahre Gefängnis würdest du bekommen.

„Die Verwandten unseres Vaters, insbesondere seine Schwester, haben uns vor dem Hunger gerettet. Ihr Mann wurde wegen seiner Behinderung nicht an die Front geschickt. Und diese Familien, wo ein Mann da war, konnten mehr verdienen. Sie hielten Kühe und Ferkel. Sie halfen uns mit Essen und Kleidung. Aber zu den Verwandten musstest du noch hinkommen. Vierzig Kilometer zu Fuß, kein Verkehrsmittel. Manchmal lief ich mit Mama los. Mehl und ein Stück weißen Speck holen."

Warme Asche

Wir sprechen mit Maria und ihrem Ehemann *Czesław* Karpinski in ihrer kleinen Wohnung im Dorf Dowbysch, alias Marchlewsk, alias Schtschorsk in der Region Schytomyr.

1925 schuf die Sowjetregierung hier einen polnischen Nationalbezirk, weil diese Ländereien hauptsächlich von Polen bewohnt waren: Anfang des 20. Jahrhunderts besaßen sie 154 von 156 Höfen. Später wurde der Bezirk Marchlewsk genannt, zu Ehren von Lenins Mitstreiter, der auch die Idee hatte, ihn zu gründen.

Die Propaganda, die sich an die Polen im Gebiet der Sowjetunion richtete, betonte, dass das „faschistische Regime von Piłsudski" der Feind nationaler Minderheiten sei und dass die polnische sozialistische Sowjetrepublik der einzige Weg sei, sich von der kapitalistischen Ausbeutung zu befreien. Sie umfasste 107 Dörfer und Weiler, in denen etwa 42.000 Menschen lebten. Mindestens 73% von ihnen waren Polen.

Auf einem der Kongresse des nach Julian Marchlewski benannten polnischen Nationalbezirks hieß es: „Dieser Kongress hat eine Bedeutung, die über die Grenzen der Sowjetunion hinausgeht.

Es wird ein demonstrativer Vergleich sein der nationalen Politik der Sowjetregierung mit der Politik des faschistischen Polens, das die nationalen Minderheiten unterdrückt."

Die neue autonome Region sollte ein Vorbild werden. Man ging davon aus, dass eine Klasse des Proletariats unter den „Kresy"-Polen entstehen sollte. Die nationale Kultur wurde gefördert: In der polnischen Republik der Sowjets gab es 79 Bibliotheken, 12 Clubs, 42 Kulturhäuser und 71 Lesesäle, in denen polnischsprachige Literatur verfügbar war. Allerdings ausschließlich kommunistische.

Neben dem polnischen Bezirk Marchlewsk wurde auf belarussischem Gebiet ein weiterer, Dserschinsk, gegründet. Und geplant war ein dritter, um das Dorf Hretschany in der Region Chmelnyzkyj.

Das „polnische Experiment" wurde jedoch aufgegeben. Die Behörden entschieden, dass das Projekt zur Schaffung eines „sowjetischen Polen" gescheitert sei. Die polnischen Bauern wollten den Kolchosen kein Land geben und der Kommunistischen Partei nicht beitreten. Darüber hinaus waren sie dem katholischen Glauben verbunden und pflegten die Traditionen ihrer Eltern. In der sowjetischen Presse wurde eine antipolnische Kampagne gestartet: Polen wurden hingestellt als „faschistische Spione, Saboteure und Schädlinge".

1936 wurden mehr als 15.000 polnische und deutsche Familien aufgrund ihrer Staatsangehörigkeit nach Kasachstan deportiert.

Maria Kwiatkowska, geboren im kasachischen Dorf Litowotschne, stellt einen Wasserkocher auf den Herd und wärmt ihre Hände am Feuer. Sie sagt, eines der größten Probleme in Kasachstan sei die Kälte gewesen. Um sich mit Brennstoff zu versorgen, machten die Kinder *Saman*, Briketts aus Lehm, Stroh und Mist.

„So trockneten diese *Saman* neben jedem Haus", erklärt sie. „Außerdem sind wir in die Steppe gegangen, um Kuhfladen zu sammeln. Sie brannten auch. Aber es war immer kalt im Haus. Ich erinnere mich, wie ich mehr als einmal auf dem Herd gesessen und meine Füße in warme Asche gesteckt habe."

Als die kleine Maria 1945 zur Schule ging, hatte niemand Hefte, Stifte oder Bücher. Nur die Lehrerin Jadwiga Pawliwna Terpylowska, ebenfalls eine Deportierte, hielt zumindest einige Materialien für die Schüler bereit.

„Wir mussten in Schönschrift zu schreiben. Die Tinte wurde aus Roter Bete hergestellt. Eine kleine Öllampe, so habe ich abends meine Hausaufgaben gemacht, während meine Mutter Briefe an den Vater schrieb."

Radio

Józefa Frantsiwna, so hieß Mama. Vor der Deportation arbeitete sie in Dowbysch in der berühmten Porzellanfabrik, um die sich das Leben der Stadt seit 1823 drehte. Marias Vater, ein Bankier, lebte hundert Kilometer von Dowbysch entfernt und kam geschäftlich dorthin. So lernten sie sich kennen. Sie lebten glücklich zusammen, bis die Kollektivierung begann. Als sie sich weigerten, daran teilzunehmen, wurden sie deportiert.

In Kasachstan mussten sie ein neues Haus bauen, ebenfalls aus *Saman*. Alle Häuser waren gleich, ohne irgendein Fundament. Manchmal wurde ein Haus von zwei Hausherren geteilt.

„Diese Häuser sind in so langen Reihen gewachsen. Wie Pilze", erinnert sich Maria. „Die Eltern hatten keine Ausweise und keine anderen Dokumente. Und jeden Monat überprüften sie in der Siedlung, ob alle da waren."

Die Menschen beackerten das unberührte Land und säten Weizen. Marias Vater wurde als gebildeter Mann als Buchhalter an der staatlichen Maschinen-Traktor-Garage angestellt. Das Paar lebte so zwei Jahre. Maria wurde Ende Juni 1937 geboren. Graue Augen, dunkles Haar, ein Lächeln – die Freude kannte keine Grenzen.

Im November kamen sie erneut, den Vater abzuholen. Viele Polen wurden damals erschossen, aber er hatte „das Glück", in die Taiga geschickt zu werden. Einige Jahre später wurde Petro nach Dolynka im Karaganda-Gebiet gebracht, wo er zehn Jahre im Gefängnis verbrachte.

„Er saß dort bis November 1947", erinnert sich Maria. „Die Zeit war extrem schwierig, wir waren mausearm und meine Mutter konnte ihn dort nie besuchen. Obwohl die Regionen Koktschetaw und Karaganda benachbart sind. Sie schrieben einander. Als er aus dem Gefängnis entlassen wurde, kam mein Vater nach Hause. Für zehn Tage."

Es wurde beschlossen, dass der Vater als Angestellter im Lager bleiben würde, um einen Pass zu erhalten. Die Arbeiter erhielten Ausgangsbescheinigungen. Denn wie hätte man sonst das Lager verlassen können? Sie wären verfolgt worden.

Während Papa und Mama arbeiteten, beschäftigten sich die Kinder: Sie machten Spielzeug aus Lumpen, spielten Verstecken. Und im Winter gingen sie zusammen mit Mutter in die Steppe, um Schneezäune gegen Schneeverwehungen zu bauen.

„Es fiel harter Schnee, er klumpte zusammen und wurde durch die Steppe getragen", beschreibt Maria die endlosen kahlen Felder. „Wir errichteten Zäune aus Brettern oder Bäumen, um den Schnee zurückzuhalten. Es gab dort weder Baumstümpfe noch Bäume, wir mussten sie mitnehmen."

Es gab nur Deportierte in dem Dorf, in dem Marias Familie lebte. Kasachen kamen zu ihnen, um zu tauschen. „Frau, brauchst du Brennholz? Habt ihr Tee?", fragten sie. Sie liebten Tee so sehr, dass sie alles dafür eintauschten.

Im Herbst holte der Vater schließlich Frau und Kinder zu sich. Sie wurden untergebracht in einer Baracke. Jede Familie, die ihre Strafe bereits verbüßt hatte, bekam ein Zimmer. Der Boden war aus Zement, Kohleheizung, so war es. Aber sie lebten schon zusammen.

Eines Abends begann das Radio zu knistern.

„Es brummt", sagte Józefa. „Petja, steh auf und mach es aus, wir können so nicht schlafen."

Ein Sturm hatte zu wüten begonnen. Das Hochspannungskabel war auf das Antennenkabel gefallen, und das war genug. Genug, um das Leben zu verkürzen.

„Vater war weg", sagt Maria und starrt auf den karierten grünen Rock. „Ich kann darüber nicht sprechen."

Heimweg

Nach der Tragödie wurde Józefa geraten, in ihre Heimatstadt zurückzukehren. Auf eigenes Risiko, ohne einen Ausweis zu haben, nahm sie ihre beiden Kinder und ging. Es war 1949. Sie bestieg in Karaganda einen Zug, reiste dann von Moskau nach Kyjiw und von dort nach Schytomyr. Auf dem ganzen Weg zitterte sie, dass jemand sie durchsuchte und Dokumente verlangte. Dann hätte sie nach Kasachstan zurückkehren müssen. Aber sie kamen ohne Kontrollen zu ihrem Bahnhof in Kurne.

Sie traf ihre Eltern nicht mehr an. Ebenso wenig ihr Elternhaus: In dem alten, mit Stroh bedeckten Haus hatten sich Fremde einquartiert. Glücklicherweise lebte eine Schwester von Józefa in der Nähe, im Dorf Adamiwka. Sie nahm sie auf. Bekannte halfen, einen vorläufigen Pass zu erhalten, und die Mutter ging zur Arbeit in die Porzellanfabrik. An gleicher Stelle wie vor der Deportation.

Um zur Arbeit zu kommen, ging Józefa jeden Tag fast sechs Kilometer. Hin und zurück elf.

„Und so ging meine Mutter", sagt Maria seufzend. „Als es im Winter vollständig zuzufrieren begann, haben wir eine schwere Entscheidung getroffen: Wir würden eine Wohnung in der Stadt mieten. Später wurde uns das Elternhaus durch das Gericht zurückgegeben."

Der Bruder erneuerte das Dach, sie zogen ein. Marias Familie begann wie ganz Dowbysch ein neues Leben. Aber das Dorf brauchte lange Zeit, sich von dem Trauma zu erholen. Vereinzelt kehrten sie aus Kasachstan zurück.

II. Omas Kästchen

„Zu Großmutter kamen sie ganz überraschend", erinnert sich Anastasia, eine entfernte Verwandte der Kwiatkowski-Karpinskis.

Sie lebt in einer anderen Ecke des Dorfes, wohin man ein paar Kilometer laufen und durch die Zickzackstraßen irren muss. Entlang der Kirche und dem Kulturhaus mit Mosaiken, Cafés und ein paar Blöcken gepflegter Häuser. Anastasias Haus ist an der grünen Veranda zu erkennen, die mit Schnitzereien verziert ist.

„Sie ging in die Verbannung mit ihrem Sohn Kazimierz und der Schwiegertochter Bronia“, erinnert sich die ältere Frau. „Sie waren dreißig Jahre alt. Und es waren ‚unsere‘, die sie abholten, egal, ob sie Nachbarn waren. Wofür? *Verrat des Mutterlandes* oder so.“

Der Bezirk Marchlewsk wurde liquidiert und die Polen wurden verfolgt. Insbesondere die Mitglieder der Kommunistischen Partei. Waren Anfang 1935 unter den 284 Kommunisten im Bezirk 70 Polen, so waren es im Oktober desselben Jahres keine mehr.

Der Schriftsteller Mikołaj Iwanow belegt in seinem Buch *Das erste bestrafte Volk. Polen in der Sowjetunion. 1921–1939*, dass die Polen die erste Gruppe waren, die aus nationalen Gründen unterdrückt wurde.

An diesem Abend, als die Großmutter nach Kasachstan gebracht wurde, kam Anastasia, um sich zu verabschieden.

„Sie wurden dekulakisiert, sie durfte nichts weggeben“, erinnert sie sich. „Aber sie gab ein Geschenk, ein schönes Kästchen! Durch das Glas veränderte sich alles und schimmerte.“

Während der ersten Deportationen wurden vor allem Menschen in erwerbsfähigem Alter umgesiedelt. Kinder und Menschen über fünfundfünfzig wurden nicht angetastet.

„Aber auch unsere Nelja, eine Bekannte aus Schepetiwka, wurde mitgenommen. Ihr Mann wollte die Offiziere ärgern und legte Backsteine in die Truhe. Und die haben geschleppt!“ Sie lacht. „Also brachte er eine Kiste mit Ziegeln nach Kasachstan! Dort baute er einen Ofen.“

In Kasachstan wurden zwei oder drei Familien in ein Haus gesteckt.

„Sie haben dort furchtbar gelitten. Meine Oma Anna Melnizkaja kehrte nicht zurück. Ihr ganzes Leben lang gab es keine Minute Ruhe.“

Der Deutsche kommt

„Ich erinnere mich, wie mein Bruder und ich für Brennholz in den Wald gingen, und da gab es so ein ungewöhnliches Geräusch.“ Anastasia senkt ihre Stimme. „Wir liefen von Dserschinsk, das jetzt Romanow ist. Im Hof war nichts zu hören, aber im Wald. Wir wussten, dass der Krieg begonnen hatte, weil sie ihn zwei Wochen zuvor erklärt hatten."

Die Nazis rückten vor.

„Wir hören, dass Mama rennt und uns zuruft: ‚Krieg, der Deutsche kommt!' So eine graublaue Uniform, die Armee rückte weit vor. Der Deutsche war vier Jahre hier."

In dieser Zeit verlor Dowbysch zunehmend seine ethnische Bevölkerung. Anastasia Karpińska erinnert sich an den Holocaust. Damals war sie achtzehn.

„Hier bei uns wurden Juden ermordet. Sie führten tausend ab, diese Mütter gehen und tragen winzige Kinder in ihren Armen. Ich denke: Mein Gott. Die Mutter mochte getötet werden, aber das kleine Kind, es wurde vielleicht nicht verwundet. Die Erde bebte dort noch weitere drei Tage."

Juden, die es schafften, die Durchsuchungen zu überleben und der Hinrichtung zu entkommen, versteckten sich in der Stadt.

„Sie haben sich verkrochen. Sie überlebten so gut sie konnten, sie kochten, brieten und fuhren durch das Dorf: ‚Eier! Milch!' Viele haben sie versteckt, wenn nicht zu sehen war, dass sie Juden waren. Einige wurden vier Jahre lang versteckt. Danach waren die Leute ihnen dafür so dankbar."

Als sich die Deutschen zurückzogen, nahmen sie alles mit.

„Wenn man von unserer Gasse auf den Asphalt kommt, dort ist es, wo die Soldaten sie hingelegt haben", sagt Anastasia. „Es gab einen halben Friedhof. Wir sind hingegangen, um nachzusehen. Und als er [der Deutsche] sich zurückzog, hinterließ er kein einziges Grab", erzählt Anastasia, und ich überlege, ob die Deutschen wirklich alle Leichen mit sich nehmen konnten. „Er nahm alles mit."

Das Versteck

Als ich nach ihrem Alter frage, lacht die Frau, bis ihre Schultern zittern. Sie schüttelt den Kopf.

„Ich bin noch jung", ihre grauen Augen funkeln. „Ich bin fünfundneunzig!"

Anastasia glättet mit ihren Händen das Bett, das wahrscheinlich den Krieg erlebt hat. Eine kleine Frau in einem blauen Kittel und einem braunen Blumenschal.

„Damals fingen sie junge Leute ein für Deutschland", erinnert sie sich mit einem Lächeln. „Wo habe ich mich nicht versteckt, wo habe ich bloß nicht übernachtet! Ich bin überall hingerannt, um nicht erwischt zu werden."

Als die Panik ausbrach, verkündeten sie in Dowbysch, dass diejenigen, die im Werk arbeiteten, nicht nach Deutschland gehen würden.

„Also ließ ich mich einstellen. Ich habe wahrscheinlich zwei Wochen gearbeitet. Wir gehen um zwölf Uhr zum Abendessen, und der Chef sagt:

‚Lasst uns in den Arbeitsraum gehen, ich werde ein Treffen abhalten. Ich werde sagen, wie alles läuft.' Hier holt er ein Blatt heraus und dort steht, wer nach Deutschland soll. Siebzehn Seelen, und ich bin dabei.

Der Leiter hatte das Dokument noch nicht bis zum Ende vorgelesen, als die Polizei bereits an der Tür wartete.

Die Fenster waren hoch, wir sahen sie kommen."

Anastasia, eine fröhliche Frau, erinnert sich an diese Ereignisse wie an ein Abenteuer.

„Sie haben uns ins Gefängnis gebracht. Ich sitze in der Zelle. Alle weinen. Und unser Deutscher, der hier in Dowbysch, geboren wurde, Leiport, war so abscheulich! Was hat er nicht alles getan – er hat mich sofort mit seiner Peitsche geschlagen. Einfach so. Eines Nachts ging er zum Platz, um Juden zu fangen. Und am Morgen sollten sie uns abholen. Dann kam mein Bruder. ‚Wir müssen meine Schwester irgendwie rausbringen', sagte er zwei Polizisten, die die Polen unterstützten. Aber wie? Der Hof ist eingezäunt, mit Draht, die Scheune und der Korridor sind lang, wo die Pferde stehen. Wohin soll man laufen? Die Polizisten selbst hatten Angst, die Tür zu öffnen, und gaben meinem Bruder die Schlüssel zum Öffnen. Ich schaue auf, er blinzelt mich an. Ich denke, wohin soll ich gehen? Wenn dieser Leiport kommt, wird er mich sofort töten! Der Bruder nickt: Renn! Ich stieg in den Trog, wo die Pferde gefüttert werden. Ich sitze dort bis zum Abend. Der Stallbursche kam, berührte mich mit seinem Stiefel, ich machte keinen Mucks.

Es wurde dunkel. Mein Bruder kam wieder.

‚Lauf zur Werkstatt!' ruft er. ‚Dort ist ein kleines Schränkchen, versteck dich!'

Ich war zwar winzig, aber es war dennoch eng, ich hätte auch ersticken können. Mein Bruder sagte mir, halte durch."

Anastasia blieb dort bis zur Nacht. Sie atmete kaum.

„In diesem kleinen Schränkchen habe ich in allen möglichen Sprachen gebetet! Zwölf Uhr nachts kommt er. Er gibt mir ein schwarzes Hemd, weil ich Arbeitskleidung von der Fabrik trug, so eine grüne. Wir laufen zur Hintertür. Und diese beiden ‚unseren' Polizisten sehen zu, sie sind im Dienst, aber machen auf. Ich rannte zum Haus gegenüber der Autokolonne. Dort lebte ich zwei Wochen bei den Nachbarn auf dem Dachboden."

Sie kam nicht nach Deutschland.

„Gott sei Dank, dass er mich gerettet hat."

III. Die Begegnung

Sonntagmorgens ist es in der Kirche kühl und ruhig. Alina Kuriata, die Nichte von Anastasia Karpińska, kommt jede Woche hierher. Wie Czesław Karpiński und seine Frau Maria Kwiatkowska, geboren in Kasachstan. Dies ist ein Ort, an dem alle zusammenkommen.

Licht dringt durch die hohen Fenster und fällt auf Alinas Gesicht. Heute ist sie festlich gekleidet, in Rot. Die Kirche Unserer Lieben Frau von Fatima unterscheidet Dowbysch von vielen umliegenden Städten: Ein Wegweiser weist auf sie schon weit vor dem Dorfeingang hin. Die Kirche wurde von den Pallottinern, einem römisch-katholischen Missionsorden, gestiftet.

In der Sowjetzeit war öffentliche Religion verboten, aber das schreckte die Polen nicht besonders.

„Als meine Großmutter noch lebte, kam ein ukrainischer Sprachlehrer, der verstorbene Oleksandr Kindratowytsch, zu uns und fragte: ‚Warum braucht ihr diese Heiligenbilder?'" Alina Kuriata erinnert sich. „Und wir haben uns gerade auf Ostern vorbereitet, es hängt nicht ein Heiligenbild an den Wänden. Oma unterbricht ihn darauf: ‚Oleksandr Kindratowytsch, mach mir Schnee, Regen, Wind, und dann hänge ich dein Portrait auf.' Er schwieg und kam ab da nicht wieder zu uns, hat uns nicht belästigt. Im Haus seiner Eltern aber hingen Ikonen von einer Wand zur anderen. So verdreht waren sie."

Heute wird die Kirche jede Woche von bis zu Siebenhundert Gemeindegliedern besucht. Gepflegte Plätze, Fahrradständer. Kürzlich wurde in Dowbysch die Organisation „Scouting Europe in Ukraine" gegründet, der sich viele Kinder aus polnischen Familien angeschlossen haben.

Direkt neben der Kirche liegt die Dowbyscher Porzellanfabrik „Koral". Tatsächlich begann Dowbysch ihretwegen einmal zu wachsen. Das Unternehmen ist noch in Betrieb. Im Zentrum der Stadt, hinter einem weißen Zaun, sieht man ein wuchtiges dreistöckiges Gebäude, das mit bunten Kacheln verkleidet ist. Die Einheimischen sagen, dass jeder zweite Einwohner von Dowbysch irgendwie in die Arbeit der Fabrik eingebunden ist.

„Das ist alles, weil hier Lehm war. Und in die Nähe gab es Kaolinlager", sagt Alina. „Die Anlage expandierte so sehr, dass Material aus der Region Donezk gebracht werden musste. Ich kenne den gesamten Prozess der Porzellanherstellung, weil ich dort drei Jahre lang gearbeitet habe. Ich war in der Formerei und klebte Henkel an die Tassen."

„Aber es war solches Geschirr, bei dem man einen Mann mit einer Tasse erschlagen kann", spottet Anastasia Karpińska. „Obwohl von hier aus das Geschirr in die gesamte Sowjetunion geliefert wurde. Und wahrscheinlich hatte jede Familie diese bemalten Tassen und Figuren im Geschirrschrank."

Nach der Messe verteilen sich die Bewohner nach ein paar Worten auf ihre Häuser. Alina Kuriata rennt ebenfalls weg, ihre Tochter kam aus Schytomyr. Sie verabschiedet sich von uns auf Ukrainisch.

Polnischer Gesang klingt aus der Kirche. Aber läuft man ein paar Schritte weiter, dann sieht man, wie sich alles ändert: sowjetische Gebäude verdecken alles wie ungeschickte Riesen.

© Serhij Poleschaka

Zuhause

1.

„Wir wussten, dass selbst nur ein Schuss Probleme verursachen kann" sagt Asan Alijev, der erste Vorsitzende der regionalen Madschlis von Cherson. „Im März 2014, als Truppen aus Russland und von den Krimbasen der russischen Schwarzmeerflotte die Krim besetzten, versammelten wir Menschen für eine der ersten Aktionen. Für den Frieden."

Nasser Schnee, Matsch unter den Füßen, Wind: Wer will mit? Asan-ağa war nicht sicher, ob es funktionieren würde. „Schaut, wie viele Leute es sind", fragte er seinen Kollegen eine halbe Stunde vor der Aktion.

Fünfzehn Frauen. Asan-ağa näherte sich dem Fenster und warf seinen Gefährten einen aufmerksamen Blick zu. „Kommt schon, kommt schon", in seinem Kopf drehte es sich.

Es vergingen noch zwanzig Minuten, und er sah wieder ängstlich hinaus. Unglaublich: Trotz des Schneefalls standen mehr als fünfhundert Krimtataren mit Plakaten und Fahnen auf dem Platz.

„Wir gingen vom Kulturhaus zum Verkehrspolizeiposten, etwa fünf Kilometer lang. Die Plakate waren nur über Frieden. Wir hatten Angst. In Nowooleksijiwka erwartete man Krieg und etwas Schreckliches."

Diese städtische Siedlung ist die größte krimtatarische Siedlung in der Region Cherson. Von den zehntausend Einwohnern hier sind mehr als viertausend Krimtataren. Nach der Besetzung der Krim kamen Hunderte anderer Migranten an. Nowooleksijiwka, die der Halbinsel am nächsten gelegene Bahnstation, rettete diejenigen, die gezwungen waren, ihre Häuser zu verlassen. Hier bekamen die Krimtataren ein warmes Abendessen und eine Unterkunft.

„Die Moschee war der erste Ort, an den ich kam", erinnert sich Riza Medschytow, ein Migrant von der Krim. „Es war ruhig und gut dort. Uns wurde nicht nur mit Essen geholfen: Wir konnten übernachten, und vor allem versuchen, das ganze Chaos durchzustehen."

Riza hat nach dreimonatiger Besatzung die Krim verlassen. Er beschloss, mit seinen Eltern zu gehen, obwohl seine Brüder auf der Halbinsel blieben.

„Hier fliegen Militärflugzeuge. Wie fühlst du dich da? Ein ständiges Gefühl von Bedrohung. Die Leute sind verschlossener geworden. Früher stiegen sie in den Bus, alle redeten. Und jetzt ist es schwierig sich zu unterhalten. Wer weiß, auf wessen Seite dein Gesprächspartner steht. Früher fuhr ich oft dorthin, aber jetzt nicht mehr. Ständig wirst du angehalten."

Riza verkauft derzeit Gewürze und verschiedene Halal-Lebensmittel auf dem Markt in Nowooleksijiwka. Direkt neben der Moschee.

„Meine Eltern wollten furchtbar gerne unter Muslimen leben."

2.

„Ich habe eine Zeitschrift, in der geschrieben steht, dass 194 Menschen in den ersten neun Monaten nach der Besetzung zu uns gekommen sind. Das sind zumindest diejenigen, die sich an das Madschlis wandten", sagt Asan-ağa und trommelt mit den Fingern auf den Tisch.

Zu dieser Zeit leitete Asan Alijew die regionale Madschlis. Alle Angelegenheiten, die nicht richtig und schnell geregelt wurden, lagen auf seinen Schultern.

„Hier kommt eine Familie mit sechs Kindern. Was soll ich tun? Zu dieser Zeit gab es keine Freiwilligen oder staatliche Unterstützung, es war ein völliges Chaos. Wir haben versucht, ihnen eine Unterkunft zu geben. Einige verbrachten die Nacht in der Moschee, andere in Familien. Die Leute teilten Kartoffeln, Zwiebeln, alles."

Asan-ağa rief zusammen mit anderen Aktivisten die Bauern an: „Könnt ihr drei Säcke Kartoffeln mitbringen? Und Kohl? Was ist mit Butter?"

„Dank großzügiger Unternehmer und einfach gutherziger Leute haben wir überlebt. Ich erinnere mich, wie Plov und Schurpa in der Moschee gekocht wurden. Plov für fünfhundert Leute, kannst du dir das vorstellen? Es gab zwei Kessel, und eine Menge von Menschen kam zu uns. Es war etwas Besonderes, für Geld kann man das nicht kaufen."

Nowooleksijiwka war voller Hektik. Die Menschen zeigten Solidarität und Unterstützung.

„Und dann kam Tschonhar. Das war der schwierigste Moment, kurz nach der Besetzung der Krim. Der Leiter des Grenzdienstes rief mich nachts an und bat um Zivilisten, da die Möglichkeit bestand, dass Zivilisten aus Dschankoj durchbrechen. Am nächsten Tag, ich habe selbst nachgezählt, haben wir 274 Autos und drei oder vier Busse zusammengebracht. Mehr als tausend Menschen wurden nach Tschonhar gebracht. Wir bildeten eine Mauer aus Menschen! Selbst die OSZE konnte nicht durchfahren."

Die Krimtataren waren zusammen mit Grenzschutzbeamten am Kontrollpunkt im Einsatz.

„Ich habe gedient, war Fallschirmjäger, und hier sehe ich meine Jungs mir gegenüberstehen. Mit Baretten. Ich verstehe nicht, wie wir auf verschiedenen Seiten standen."

„Die Atmosphäre war angespannt. Jemand verbreitete die Nachricht, dass sich bewaffnete Menschen in der Menge befanden."

„Sie wollten eine Provokation anstacheln. Ich hörte Gerüchte, dass in der Menge Leute waren, die mit Messern, Schlagringen und Schusswaffen bewaffnet waren. Refat Tschubarow reagierte schnell und sagte, die Menge solle sich auflösen. So geschah es innerhalb von zwanzig Minuten. Denn ein Schuss, das wäre es gewesen. Nichts hätte die Welle aufgehalten."

Die Leute standen Mauer an Mauer, aber die Grenzen wurden nicht überschritten.

„Aber wegen unseres Usein hätte der Einfall beginnen können!" bemerkt Asan-ağa. „Russische Grenzschutzbeamte, viele Leute, und er rennt wie verrückt mit ukrainischen und krimtatarischen Flaggen auf sie zu. Ich rufe: ‚Usein, zurück! Zurück!'"

3.

Usein Tachun, der Mullah von Nowooleksijiwka, betritt sein Zimmer in der Moschee. Große Gestalt, langer Bart, große Hände. Ausdrucksstarke graue Augen.

„Ich war früher ein einfacher Typ, habe Sport gemacht, Geschäfte. Ich hätte nie gedacht, dass ich Mullah werden würde. Obwohl ich seit der Kindheit viele Fragen hatte. Mein Vater und ich gingen einmal in den Garten, und ich frage: ‚Hat jede Nation ihren eigenen Herrgott?' Nein, Gott ist einer für alle, sagte er. Ich hatte immer das Gefühl, dass es einen Höchsten Herrn Allah gibt."

Usein sagt, es sei der Glaube gewesen, der seinen Eltern geholfen habe, die Deportation 1944 zu überstehen.

„Meine Mutter erzählte, wie sie nach Usbekistan, nach Taschkent gezogen sind. Wie viele Menschen starben unterwegs! Sie wurden einfach aus den Autos geworfen und durften nicht begraben werden. Die Leichen wurden von wilden Tieren zerrissen. In Usbekistan ist meine Mutter jeden Tag vier Kilometer zur Schule gelaufen, sie hatte keine Schuhe, nichts. Dann arbeitete sie fünf Jahre auf einer *Sowchose*."

Und als Chruschtschows Tauwetter mit der lang erwarteten Erlaubnis zur Rückkehr kam, konnten Useins Eltern ihr Zuhause auf der Krim nicht zurückgewinnen.

„Es war hier schwierig, sein Recht auf Leben zu erkämpfen", teilt der Mullah mit. „Mein Onkel kam mit acht Kindern auf die Krim, und sie konnten dortbleiben, obwohl sie einen schwierigen Weg gingen. Die Eltern aber nicht."

Auf der Halbinsel durften sich Krimtataren nicht in ihren alten Häusern niederlassen, und neue Häuser wurden oft zerstört. Man stellte sie nicht ein. Es spielt keine Rolle, ob du eine Frau oder ein Mann mit Erfahrung und Fähigkeiten warst. Wenn du Krimtatar warst, gab es eine Ablehnung.

Useins Familie ließ sich in Nowooleksijiwka nieder, wo er seit 44 Jahren lebt. Er sagt, dass die Moschee über eine lange Zeit hin mit Schwierigkeiten gebaut wurde.

„Die Sowjetregierung erlaubte weder eine freie Meinungsäußerung noch den Glauben. Aufgrund der antireligiösen Propaganda blieben nur wenige kenntnisreiche Moslems in Nowooleksijiwka, also solche, die Wissen über den Islam hätten weitergeben können. Die Menschen wurden von Informanten beschattet. Damals gab es keine Bücher, nichts. Die erste Moschee in unserem Dorf befand sich in einem kleinen Gebäude. Die neue war eine von den ersten, die in der unabhängigen Ukraine errichtet wurden."

Die zwei großen Minarette können von jedem Punkt aus in Nowooleksijiwka gesehen werden. Um fünf Uhr nachmittags erklingt der Gebetsruf. Fünfmal am Tag kommen die Leute hierher, um zu beten. Männer beten im ersten Stock, Frauen im zweiten. Die Frau ist verpflichtet, ein Kopftuch zu tragen.

Die Sonne erhellt den Raum durch hohe Fenster. Einige Leute kamen früher und beten in einer Ecke der Moschee knieend.

„Allah hilft immer", ist sich Usein sicher. „Er kann aus der schwierigsten Situation herausführen. Zum Beispiel hatte mein Vater ein Geschäft, aber während der Krise von 1998 brach alles zusammen. Wir hatten einen großen Bauernhof, zehn Hektar Land. Wir kauften einen KAMAZ-LKW und gingen in die Westukraine, um Lebensmittel zu verkaufen: Nowowolynsk, Tscherwonohrad. Und als die Hrywnja zusammenbrach, fehlten zwanzigtausend Dollar. Schwer wiederzugeben, was für eine schwierige Situation das war. Ich war unglaublich besorgt, aber wem sollst du das erzählen?"

Usein wusste nicht, wohin er gehen sollte.

„Was mich damals gerettet hat, war diese Moschee. Sie wurde gerade gebaut. Ich kam hierher, betete, es wurde einfacher. Ich half dem Imam und begann selbst zu studieren. Meine Familie und ich kamen langsam aus der Not heraus."

2010 starb der Imam, es stellte sich die Frage: Wer wird Nachfolger?

„Ich habe nur von ganzem Herzen geholfen. Ich dachte nicht, dass ich Mullah werden würde. Ich war damals erst dreißig", er breitet unbeholfen die Hände aus. „Und plötzlich wirst du erwachsen. Jeder kommt mit seinen Problemen zu dir. Es ist nicht nur ein Gebet zu lesen, man muss auch Psychologe sein. Und es gibt viele administrative Routine- und Finanzangelegenheiten."

Nachdem Usein die Schwierigkeiten der Anfangsphase überwunden hatte, widmete er sich ganz der Moschee.

„Hier schlägt mein Herz, das stimuliert mich bei der Arbeit. Selbst wenn ich krank bin und zwei Tage nicht hier war, juckt es mich schon herzukommen: Wie geht es mit unserer Moschee weiter? Wir sind es gewohnt, morgen zu leben, im Koran steht aber: Das Leben ist wie eine Fata Morgana, man läuft weit und denkt, dass Wasser da draußen ist, aber der Mensch ist Zeit. Jede Minute vergeht ein Teil von dir. Ich versuche jede Minute hier und jetzt zu sein."

Die Gläubigen haben sich bereits versammelt. Usein zieht das Gewand des Imams an und geht zu den Leuten, die sich mitten am Tag zu einem Dutzend versammelt haben. Jeder wird mit Umarmungen begrüßt. In einer angenehmen Stille beginnt ein Sprechgesang zu erklingen, schafft Ruhe.

„Hauptsache ist die Harmonie mit sich selbst und der Welt", sagt Usein. „Wir leben zusammen mit Ukrainern. Im Sommer gibt es zum Beispiel Probleme mit dem Wasser. Und hier in der Nähe der Moschee gibt es einen Brunnen, dann kommen alle her, um welches zu schöpfen. Es ist uns egal, ob du Muslim bist oder nicht."

4.

„Einmal machten sie hier eine Prozession gegen die Krimtataren", erzählt Asan-ağa aufgewühlt. „Wir hatten ein altes Krankenhaus, es wurde abgerissen. Und die Orthodoxen sagen, wenn wir bereits eine Moschee haben, sollte dieses Material dafür verwendet werden, um eine orthodoxe Kirche zu bauen. Die Moslems hätten ja doch früher auch Baumaterialien weggenommen.

‚Wir werden eine Prozession gegen euch machen', sagte uns die Frau des Priesters. Die Menschen haben sich versammelt, Chaos, alle rückten aufeinander zu, die Aggression wächst. Auf der einen Seite der Mullah mit Muslimen, auf der anderen das Väterchen mit Gemeindegliedern. Ich hatte das Gefühl, dass dies zu einer ernsthaften Konfrontation eskalieren könnte. Dann ging ich aufs Podium, stellte mich vor. Und erzählte, wie Farg'ona 1989 aussah. Wegen eines Kilogramm Erdbeeren wurden Hunderte von Kindern und Frauen erschlagen, verbrannten Tausende von Häusern."

Diese großangelegte interethnische Tragödie in Usbekistan ist als Farg'ona-Pogrom bekannt.

„Ich habe als Sportlehrer gearbeitet und von den achthundert Kindern waren zweihundert türkisch-meschetische Kinder", erinnert sich Asan-ağa. „Alle wurden mit Messern erstochen. Das passierte vor meinen Augen. Alles angeblich wegen eines Kilogramms Erdbeeren, aber tatsächlich haben die Usbeken einfach die türkischen Mecheten angegriffen. Es war eine Orgie. Die Körper der Menschen lagen mitten auf der Straße."

Asan verstand, dass die Geschichte der Baumaterialien zumindest zu Misstrauen zwischen Orthodoxen und Muslimen zu werden drohte. Und möglicherweise zu einer Kollision.

„Ich ging auf das Podium und erzählte, wozu ein interethnischer Konflikt führen könnte. Ich habe es erlebt. Als ich sprach, bekam ich eine Gänsehaut."

Da erstarrten alle. „Verlassen wir den Parlamentskorpus, Mullah und Väterchen. Wir werden jetzt alles klären. Und die Menge soll sich auflösen."

Asan wurde gehört. „Die orthodoxe Kirche muss ganz klar gebaut werden. Reißt das Gebäude ab, alles, was euch nicht reicht, geben wir euch. Wenn es hier zwei Konfessionen gibt, sollte gleichmäßig aufgeteilt werden. Und der interethnische Frieden bewahrt werden", so argumentierte er.

Nach den Ereignissen von Farg'ona im Jahr 1989 traf eine neue Welle von Krimtataren in Nowooleksijiwka ein.

„Alle fingen an, Usbekistan zu verlassen. Und dann fiel die Sowjetunion zusammen, und so weiter ... Heimat ist Heimat. Es war so, dass die Eltern meiner Frau bereits hier waren, und nach und nach zogen wir von 1989 bis 1993 hierher. Zuerst wollten sie auf die Krim, aber meine Eltern kommen aus dem Bezirk Bachtschissaraj. Wir hielten uns einen Monat lang in Nowooleksijiwka auf, und dann sagte meine Schwiegermutter: ‚Sollten wir uns nicht vielleicht nach einem Häuschen umsehen?'"

So blieb Asan-ağa 25 Jahre hier hängen.

„Dort, in Taw-Badrak, das jetzt Skalyste heißt, sind meine Mutter und mein Vater begraben. Als sie umgesiedelt wurden, fanden sich beide in einem Waisenhaus wieder. Weil ihre Eltern während der Deportation gestorben waren. Sie kehrten hierher zurück, dann kam die Inflation. Auf der Krim gelang es nur ein kleines Haus zu bekommen.

‚Ein Zimmer mit Dach', pflegte meine Mutter zu sagen. Ich habe immer noch diesen Satz im Ohr. Ich bedaure, dass ich meinen Eltern nicht ein ruhiges Alter mit Komfort ermöglichen konnte."

5.

„Als unsere Familie zurückkehrte, war ich dreizehn Jahre alt", sagt Schewket-ağa. „Bahnhof Siadin, Region Samarkand. Die Eltern wollten in den Bezirk Bachtschissaraj zurückkehren, in dem sie lebten."

Der Mann erinnert sich, wie sein Vater Akim, seine Frau und sieben Kinder in den Zug gestiegen sind und ihr Hund so lange, wie er konnte, nebenherlief.

„Er hieß Käfer. Sie kamen hierher und es gab kein Geld, um ein Stückchen Land zu kaufen. Sie kauften etwas für 1.100 Rubel und hatten keine Kopeke mehr. Weder Vater noch Mutter wurden eingestellt, sie hatten keine Aufenthaltserlaubnis. Dann ging meine Mutter zur Arbeit in einen Kindergarten und mein Vater bekam eine Arbeit als Stallknecht."

Die Aktivisten wandten sich beharrlich an die Parteiführung des Landes, um auf die Unterdrückung der Krimtataren aufmerksam zu machen. Petitionen, die von Zehntausenden von Menschen unterzeichnet wurden, und Tausende von Einzelbriefen wurden an höhere Behörden geschickt.

„Meine Frau hat das alles getippt", sagt Schewket-ağa und legt einen Berg vergilbter Dokumente vor uns hin. „Ich habe nur noch ein Drittel davon, der Rest wurde vom Vertreter des Madschlis mitgenommen. Für die Geschichte."

Vor mir liegt ein Ordner mit Hunderten von Briefen.

„Und das alles musste in mehr als einem Exemplar getippt werden. Wir lebten in einem fünfstöckigen Haus, in dem alles zu hören war. Weißt du, was geschehen wäre, wenn sie die Schreibmaschine gefunden hätten? Wir haben alles daruntergelegt, um das Geräusch zu unterdrücken."

Einer der ersten Appelle, an denen Schewkets Frau arbeitete, war die „Forderung an den Obersten Sowjet der UdSSR", die auf Initiative des regionalen Leiters Enver Ametow verfasst wurde. Die Krimtataren forderten die Rückkehr in ihre Heimat und die Rehabilitation ihres Volkes.

Das war 1976, als Schewket-ağa vom Militärdienst in Wladiwostok zurückkehrte. Weniger als zehn Jahre später gelang es den Aktivisten, sich in Moskau zu treffen. Mehrere Krimtataren aus Nowooleksijiwka kamen zum Obersten Sowjet der UdSSR.

„Wir wurden in einen Keller geführt", erinnert sich Schewket. „Wir haben zwei Stunden gewartet. Es war gruselig."

„Zu welchem Zweck seid ihr gekommen?", haben sie gefragt. „Hier sind unsere Forderungen", erwiderten die Aktivisten.

„Wir gingen nach oben, traten ein beim Abgeordneten Malofeew vom Präsidium des Obersten Sowjets. Er hatte dreißig Telefone auf seinem Tisch. ‚Hier sind unsere Forderungen', sagten wir ihm. ‚Gut, ich werde sie weitergeben.'"

Der hochrangige Beamte versicherte, dass die Krimtataren-Frage bald gelöst werden würde. Und er würde persönlich die Führung darüber unterrichten. Und nach dem Treffen bemerkten Schewket-ağa und seine Kollegen zwei „Schwänze".

„Wohin wir auch gingen, sie folgten uns. Bis wir in den Zug einstiegen."

Nach dem Gespräch schickten die Delegierten einen weiteren Brief nach Moskau, dankten ihnen für den Empfang und drückten ihre Hoffnung aus für eine „positive Lösung für das Problem der Krimtataren". Es änderte sich jedoch nichts.

Die Krimtataren forderten beharrlich Gerechtigkeit in Moskau. Das Treffen von 1987 wurde bedeutsam. Am 20. Juni versammelten sich krimtatarische Delegierte aus der ganzen Sowjetunion in der Hauptstadt. Wie Gulnara Bekirowa in dem Artikel „Moskauer Aktionen der Krimtataren im Sommer 1987" schrieb, besuchten die Aktivisten täglich die Redaktionen von Zeitungen und Zeitschriften, das Zentralfernsehen, die Union der sowjetischen Schriftsteller und andere Organisationen. Früher hatten sie unzählige Briefe dorthin verschickt, jetzt aber baten sie persönlich darum, sie zu beantworten.

„Die ganze Welt lernte, dass wir existieren!", sagt Schewket-ağa. „Dann wurde die Aktion von zahlreichen Nachrichtenagenturen gemeldet. Dies war nicht leicht zu erreichen."

Ihm zufolge kamen etwa 80% der Teilnehmer der Moskauer Kundgebung 1987 aus der Region Cherson. Vor Ort haben die regionalen Behörden alles getan, um die Protestwelle in der Hauptstadt der UdSSR zu stoppen.

„Zuerst wurde die Eisenbahnverbindung mit Moskau unterbrochen, und dann wurde die Straße aufgegraben, damit es nicht möglich war, mit dem Auto dorthin zu gelangen."

Die Krimtataren kämpften aber weiterhin auf dem Roten Platz für ihre Rechte.

„Wir wurden von einem Ring Sicherheitskräften umringt, dann wurden es drei Ringe. Der Historiker, unser Lehrer, saß da und erzählte die Geschichte der Krim. Busse von Betrunkenen, die man jetzt *Tituschky* nennen würde, wurden zu uns gebracht. Hätten sie uns angegriffen, hätte die Polizei nichts unternommen. In unserem Dorf, egal wo du hinsiehst, hat aus jedem Haus eine Person an der Kundgebung teilgenommen."

Mustafa Dschemiljew und seine Frau waren ebenfalls im im Inneren dieses Rings.

6.

„Wir werden Mustafa Dschemiljew immer die Hände küssen", sagt Asan-ağa. „Er ist unser Führer, ein Mann, der sein ganzes Leben für die Freiheit des Volkes gegeben hat. Er lebte fünfzehn Jahre im Gefängnis."

Die Beharrlichkeit der Aktivisten funktionierte. Mit dem Zusammenbruch der Sowjetunion kam es zu einem „Tauwetter". In den 1990er Jahren begann man in Nowooleksijiwka krimtatarische Strukturen aufzubauen.

„Eines der ersten war die Kultur- und Bildungsgesellschaft ‚*Berlik*', was ‚Einheit' bedeutet. Damals hatten wir keine Madschlis, da war nichts. Und vor dreizehn Jahren dann der *Kurultai* des krimtatarischen Volkes. Das ist wie die Werchowna Rada in der Ukraine. Dann haben wir ein regionales Madschlis aufgebaut. Es gibt etwa 8.000 Krimtataren in der Region Cherson, es gibt auch Aserbaidschaner und Mescheten, also haben wir uns mit diesem muslimischen Flügel beschäftigt."

Asan-aga ist seit neun Jahren Vorsitzender des Madschlis.

„Aber eigentlich bin ich professioneller Judo-Trainer. Und jetzt arbeite ich schon seit sechs Monaten als Sportlehrer und bringe Kindern bei, sich zu verteidigen. Eine jetzt wichtige Sache."

Während wir uns in einem kleinen Café unterhalten, werden uns Tee und traditionelle usbekische Süßigkeiten serviert, *Parvard*. Ein weiterer Trainer, der Leiter der Karate-Abteilung, kommt hinzu.

„Mein Ziel ist es jetzt, in Nowooleksijiwka einen Sportkomplex zu bauen", sagt Asan-ağa. „Das Land wurde bereits zugeteilt. Wir veranstalten hier Wettbewerbe, die Leute kommen aus dem ganzen Land zu uns. Nur mit Finanzen, um das Problem zu lösen. Heute kostet ein Fußball 700–800 Hrywen, ein Schachbrett 500 Hrywen. Und dieses Jahr wurden mir 10.000 Hrywen für zehntausend

Menschen zugeteilt. Ich schäme mich eigentlich, über mein Gehalt zu sprechen. Ich lade Investoren hierher ein: Wir bauen eine Sportschule, ein medizinisches und Geburtshilfe-Zentrum, einen landwirtschaftlichen Komplex. Alles soll es geben!"

Die Bewohner von Nowooleksijiwka haben durch die Blockade der Krim erhebliche finanzielle Verluste erlitten. Die Region ist landwirtschaftlich geprägt, es gibt fast keine andere Arbeit und die Krim war der Hauptabsatzmarkt.

„Und es gab eine Zeit, in der Gemüse reifte und es schwierig war, es zu verkaufen. Wir haben Felder mit verrottenden Tomaten gesehen. Viele Leute gingen bankrott. Ich kenne Leute, die die Kredite noch nicht abgezahlt haben."

Der Handel mit der Krim hat aufgehört. Die Leute von Nowooleksijiwka haben jedoch die Möglichkeit, die Halbinsel zu besuchen.

„Ich reise natürlich auf die Krim ein", sagt Asan Alijev. „Obwohl ich Mitglied des Madschlis bin. Natürlich halten mich die Genossen vom FSB eine Stunde lang dort fest, befragen mich – was, wo, wie. Aber das ist mein Heimatland. Wenn ich nach Bachtschissaraj komme und durch die alten Gassen gehe, tanke ich dort auf. Es ist, als hätten wir dieses Land in unseren Genen. Das ist mein Zuhause."

Er sieht mich aufmerksam an.

„Wir warten darauf, dass sich alles wieder zusammenfügt. Du weißt, was ich meine", lächelt er. „Wir werden wie zuvor auf die Krim fahren. Mit den *Elektrytschkas*."

© Olesya Yaremchuk

Einsamkeit unter Walnüssen

In Zusammenarbeit mit Marta Barnytsch.

Die Straße mit rissigem Asphalt verwandelt sich plötzlich in eine schmale Gasse, gepflastert mit runden Steinen, solchen wie etwa am Ufer eines Gebirgsflusses. Huzulenland, Kuty. Wir werden zum Häuschen einer alten Armenierin geführt, der letzten Vertreterin einer alten Gemeinde, die hier seit Jahrhunderten lebte.

„Wie unterscheidet man ein armenisches Haus von anderen?", fragt unsere Führerin plötzlich.

Schweigen.

„In jedem armenischen Hof wachsen Walnüsse."

Die letzte Armenierin

„Oh, das ist so lange her." Frau. Tosia streicht ihr kariertes Kopftuch glatt und versteckt darunter die silbernen Strähnen. „Die Armenier flohen vor den Türken, der König aber nahm sie auf und gab ihnen die gleichen Rechte wie allen anderen. Zuerst gab es nur eine Straße, und dann tauchten immer mehr auf. In Kuty gab es eine Kirche und eine armenische Bruderschaft."

Kuty ist eine Siedlung städtischen Typs in der Nähe des Touristenorte Kosowa und hundert Kilometer entfernt von Iwano-Frankiwsk. Sie werden es auf der Karte nicht sofort finden. Kuty bewahrt in sich das große Gedächtnis als Mekka der Armenier, ihrer „kleinen Hauptstadt" in der Ukraine. 1715 ließen sich hier erstmals von Muslimen verfolgte Armenier nieder: Sie verließen Westarmenien oder die Osttürkei und fanden Zuflucht in der kleinen Stadt oberhalb des Flusses Tscheremosch. In den Bergen versteckt, führte es ein ruhiges Leben in einem farbenfrohen Mosaik: Es herrschte Harmonie zwischen Ukrainern, Polen, Juden und Armeniern.

Bis die Mühlsteine des Zweiten Weltkriegs zu mahlen begannen. Jetzt trägt die einzige Erinnerung die 87-jährige Antonina aus der Familie Torosiewicz, verheiratete Jegoschyna.

Bleiben wird nur das Churut

„Hier auf dem Foto, schau mal", Antonina holt vergilbte Fotos aus der alten Kiste und setzt sich, ein wenig gerührt, auf das niedrige Sofa. Sie fährt mit den Fingern über ihren blau geblümten Kittel, schaut auf die kohlrabenschwarze Katze Murtschyk, die gemütlich neben ihr sitzt. Sie erklärt. „Hier, das bin ich. Die Kurgäste machten Fotos." Auf dem Foto schaut ein kleines barfüßiges Mädchen in einem weißen Kleid verlegen in die Kamera. Der Empfang von Kurgästen - Gästen der Stadt - war vor dem Zweiten Weltkrieg eine der Hauptbeschäftigungen der Einheimischen. Zahlreiche Liebhaber des heilenden Karpatenklimas und der exquisiten armenischen Küche kamen hierher, um sich zu erholen.

„Ich war klein, aber ich erinnere mich noch gut an das friedliche Leben. Meine Mutter arbeitete als Köchin, mein Vater als Bauer, und obwohl sie heirateten, kamen, wie das früher war, ohne die Zustimmung meiner Mutter drei Schwestern und zwei Brüder zur Welt. Meine Mutter kochte gut, machte ein unglaubliches Churut, zu dem alle von überall herbeikamen", in der Stimme von

Tosia wird stolze Freude ersichtlich, ihre Augen lächeln, das Aroma von orientalischen Gewürzen, Petersilie, Sellerie, Dill und armenischer Drachenwurzel zieht gleichsam durch die Luft.

„Churut wurde für die grüne Ganjabur-Suppe zubereitet." Antonina erklärt ausführlich, was sich hinter den mysteriösen Namen armenischer Gerichte verbirgt. „Meine Mutter arbeitete im ‚Armenischen Haus', wo es Urlaubern serviert wurde. Den Gewürzen wurden saure Milch, saure Sahne und Salz zugesetzt, das alles gärte und wurde dann in einer Kupferschale gekocht. Aus dem entstandenen Brei formte die Gastgeberin Pyramiden, trocknete sie auf Holzbrettern und fügte sie dann der grünen Suppe hinzu." Die Erzählerin schweigt und saugt leicht an ihren Lippen. Anscheinend fühlt sie diesen Geschmack.

Derzeit bereitet nur eine Frau armenisches Churut in Kuty zu. Eine Ukrainerin.

Großvater, der Schweinezüchter, und sein Bruder, der Philanthrop

Antonina blättert die Fotos durch und taucht immer tiefer ein in die Vergangenheit.

„Der Bruder meines Großvaters war Doktor der Medizin, eine Persönlichkeit des öffentlichen Lebens und ein Philanthrop. Wissenschaftler." Sie zeigt mit dem Finger auf das Bild des Grabes auf dem Lwiwer Lytschakiwskyj-Friedhof. „Jetzt liegt er hier."

Die Grabskulptur zeigt einen Mann mit zwei Kindern, und unten steht der Name: Józef Torosiewicz.

„Er gründete eine Schule für arme armenische und polnische Kinder, die dort kostenlos lernten. Er hatte ein Haus, das er nach seinem Tod auch den Waisen vermachte", sagt die alte Frau und gibt zu, dass sie nie dorthin gekommen ist. „Wir hätten in Lwiw leben können. Józef schrieb: ‚Komm her, Marko, ich werde dir die Hälfte meines Besitzes in Lwiw geben.' Weil er keine Kinder hatte. Und Großvater schrieb ihm zurück: ‚Und was mache ich mit meinem Grundstück?'"

Ein weiterer Bruder, der Großvater von Antonina, wurde nach Bessarabien gebracht:

„Er hielt Schweine und verdiente damit Geld. Eines Tages bat ein Knecht von seinem Bauernhof um einen freien Tag für seine Hochzeit. Nachts hörte Opa ein Geräusch, ging zum Stall hinunter, die Schweine begannen zu toben. Ob er nun ausrutschte oder ob sie sich auf ihn stürzten, er fiel jedenfalls hin, brach zusammen. Am Morgen fanden sie ihn endlich. Nur die Beine in den Stiefeln blieben übrig. Die Schweine hatten ihn gefressen", erklärt sie.

Unaussprechliches

So verlor die Familie ihren Ernährer und fiel in Armut.

„Anschließend Krieg, Hunger. Elend", in Antoninas Stimme zittert die Bitterkeit, ein Schatten zieht über ihr Gesicht. „Menschen starben. Sie hatten nichts anzuziehen, nichts zu essen. Unser Haus wurde durch Granaten zerstört. Sie feuerten aus den Bergen. Ungarn von der einen Seite, Russen von der anderen."

Der Körper der älteren armenischen Frau erstarrt, sie fällt in Schweigen.

„Ich habe Angst."

„Vor wem?"

„Allen."

„Warum?"

„Ich weiß nicht."

„Erzählen Sie es?"

„Nein."

1942 ging Kuty wirklich durch die Hölle. Das Tal, in dem sich das Dorf befindet, wird von einem Berg von den Ungarn beschossen, die mit den Deutschen verbündet waren, und von dem anderen von der sowjetischen Armee. Für ein Jahr werden alle Bewohner ins benachbarte Kosowa evakuiert, wo sie versuchen, so gut es geht zu überleben. Tosias Mutter schaffte es nicht bis zum Kriegsende. Während der Evakuierung ist sie krank und kann die Stadt nicht mit ihren Kindern verlassen. Sie findet Zuflucht bei einem Verwandten, einem Priester, wo sie stirbt.

„Und Juden lebten in diesem Haus", sagt Antonina plötzlich. „Sie waren so gut. Ich habe mit diesen Kindern gespielt. Und wenn Mutter das Haus verließ, um etwas zu machen, brachte die

Jüdin den älteren Kindern Essen. Alle haben sie erschossen. Alle wurden weggebracht. Sie haben sie lebendig mitgenommen, und dann gab es irgendwo in Kolomyja einen Platz. Sie haben sie vernichtet. Jüdische Kinder durften nicht mehr studieren. Sie mussten Armbinden tragen, die mit einem Stern bestickt waren. Obwohl vor dem Krieg alle Kinder in Kuty zusammen lernten. Und genauso gemeinsam gespielt haben. Die Deutschen teilten die Schulen in polnische und ukrainische ein, und da die Armenier stark polonisiert waren, besuchten sie eine polnische Schule."

„Was die Deutschen gemacht haben...", sagt sie still. „Das erste, was sie bei ihrer Ankunft taten, war, diejenigen auszuschalten, die Wissenschaftler waren. Lehrer und Schulleiter wurden auf Plätze gebracht. Dann taten die Russen dasselbe. Wenn jemand sehr gebildet war, fragten sie nicht, ob er Armenier, Ukrainer oder Pole sei. Sie wurden abgeführt. Und dort wurden sie vernichtet, diese gelehrten Menschen. Dann schickten sie ein Telegramm: ‚Verstorben an Typhus'."

Die Feuerwehrstation

Wie viele solcher Telegramme kamen? Dutzende, Hunderte? 1935 lebten in Kuty etwa 7.000 Polen, Juden, Armenier und Ukrainer. Der Krieg hat alles dem Erdboden gleichgemacht.

„Juden haben sich Verstecke gesucht, Erdlöcher in Kellern", erinnert sich Antonina. „Die Deutschen konnten sie nicht fangen und unternahmen eine Aktion gegen sie. Die Juden wurden in eine Synagoge im Zentrum der Stadt gefahren, von denen es drei gab, und in Brand gesteckt. Alle lebendig verbrannt. Anschließend brannten sie die ganze Stadt nieder."

Die sowjetischen Behörden errichteten auf dem Gelände eine Feuerwehstation, die noch immer in Betrieb ist.

„Es wird gesagt, dass Ukrainer Armenier angegriffen haben. Aber es waren keine Ukrainer, es waren böse Menschen", betont die alte Frau. „Damit hatten sie hier nichts zu tun. Ukrainer und Armenier haben untereinander geheiratet und tun es immer noch. Und wie viele Polen und Juden haben sie alle während dieser Verwüstung versteckt! Obwohl sie alle bedroht waren, sagten sie, dass die ganze Familie dafür erschossen würde. Und die Deutschen hatten kein Erbarmen. Es waren schreckliche Zeiten. 1942."

Es herrschte Armut, alles war zerstört.

„Wir hatten nichts zu essen. Aber wir bauten Mais, Kartoffeln, Rüben und Kohl an."

Sie überlebten.

Wer verfolgte die Armenier

„Kaffee und zwei kleine Kuchen bitte." Nachdem wir mit Antonina gesprochen haben, gehen wir in ein kleines Café im Zentrum von Kuty. Das mehrlagige Gebäck hinter Schaufensterscheibe sieht köstlich aus, die Kaffeemaschine faucht und füllt den Raum mit Duft. „Wir sind zu Ihren Armeniern gekommen", sagen wir und sprechen mit der Kassiererin.

„Meine Urgroßmutter hat einen Armenier gerettet", erwidert die Verkäuferin. Uns läuft es kalt über den Rücken und wir kehren abrupt zu unserer Gesprächspartnerin zurück. Am wenigsten hatten wir einen solchen Satz von einem sehr jungen, unbekannten Mädchen erwartet.

„Vielleicht waren sie Juden?" Wir hören nicht auf, zu staunen. Immerhin sagte Antonina nichts über die Verfolgung von Armeniern.

„Nein, es waren definitiv Armenier. Aus irgendeinem Grund suchten die Deutschen damals nach ihnen und schossen auf sie. Ein Ehepaar. Eine Schwangere und ihr Ehemann. Uroma hat widerstrebend davon erzählt. Sehr widerwillig. Es tat ihr sehr leid, dass sie unter schrecklichen Bedingungen, unhygienisch, in Feuchtigkeit und im Keller schliefen. Fast auf nassem Boden. Sie legten ihnen schnell Heu hin. Sie machten ihnen Holzschuhe, weil sie selbst keine Schuhe hatten. Es war schrecklich. Der Hunger."

„Und was ist mit ihnen passiert? Mit den Armeniern?", fragen wir nach.

„Ich weiß es nicht. Niemand hat davon erfahren. Aber meine Urgroßmutter wurde nach Deutschland gebracht. Für fünf Jahre. Ich weiß nicht warum. Wahrscheinlich, weil sie die Armenier aufgenommen hat."

„Und wie war ihr Name?"

„Maria. Verheiratet Popowa. Sie wurde einundneunzig, erzählte aber sehr wenig über den Krieg. Wollte sie nicht. Sie schwieg. Offenbar war dieses Thema für sie sehr schmerzlich."

Hier entsteht bei uns Verdacht, dass Antonina uns auch nicht alles erzählt hat. Nachdem wir Kaffee getrunken und die leckeren kleinen Kuchen verzehrt hatten, verabschiedeten wir uns von der jungen Frau Maria Popowa, der Urenkelin einer Ukrainerin, die Armenier versteckte.

Armenischer Friedhof

Seit mehr als acht Jahren in Folge kommt eine Gruppe von Polen armenischer Herkunft nach Kuty, deren Vorfahren einst die Stadt verlassen haben. Unter ihnen waren die Eltern von Marta Axentowicz-Bohosiewicz, der Präsidentin der „Fundacja Ormiańska", deren Gruppe wir uns auf dem Weg nach Kuty anschlossen.

„Unsere Vorfahren lebten hier. Obwohl viele armenische Gemeinden auch in Lwiw, Snjatyn, Kamjanez-Podilskyj und Stanyslawiw waren. Hier wurde Armenisch gesprochen. Mein Vater sagte, dass seine Eltern miteinander Armenisch sprachen, damit die Kinder es nicht verstanden. Obwohl er selbst kein Armenisch mehr sprach, er konnte sich nur bekreuzen und das ‚Vater unser' aufsagen. Ja, hier in Kuty wurde die armenische Liturgie bis 1956 zelebriert, bis der letzte Priester starb", sagt Marta.

Zusammen mit ihrer Familie und jungen Freiwilligen (meist mit armenischen Wurzeln) organisiert sie seit 2008 Reisen „Kuty am Tscheremosch - die kleine Hauptstadt der Armenier". Die Volontäre lernen die Geschichte, besuchen Denkmäler, bringen die armenischen Gräber auf dem örtlichen Friedhof in Ordnung.

„Wir nennen Kuty ‚kleine Hauptstadt der Armenier'. Warum kommen wir hierher? Erinnerung ist uns wichtig."

Marta zufolge haben die Armenier Kuty aus mehreren Gründen verlassen. Erstens war es nach dem Krieg nicht mehr ihr Staat, sondern eine multinationale Sowjetunion. Da sich viele Armenier auch als Polen fühlten, zogen sie üblicherweise ins kommunistische Polen.

Der zweite Grund ist tragischer:

„Verschiedene Dinge geschahen. 1941 gab es ein Problem, weil die Deutschen kamen und die Säuberung gegen die Juden begann. Dann kamen die sowjetischen Truppen, die tatsächlich alle töteten. Dazu trug auch die ukrainische Armee bei. In Kuty gab es am 21. und 22. April 1944 ein Blutbad: Die UPA hat an fast einem Tag mehr als zweihundert Menschen getötet", sagt Marta und merkt an, dass dies auf Daten basiert, die von ihrer Stiftung gesammelt wurden. „Sie kamen, zündeten an, folterten, nagelten Menschen an die Tür, und es war egal, ob alt oder jung ... Deshalb hatten einige Polen und Armenier Angst zu bleiben, denn wenn so etwas einmal passierte, konnte es wieder passieren."

1944

Wir sprechen mit Omeljan Nimez, einem Historiker, Gründer des historisch-landeskundlichen Museums von Kuty, dem ehemaligen Dorfvorsteher und Autor des historischen Büchleins *Kuty am Tscheremosch*. Besonders tragisch war ihm zufolge für die Bewohner das Jahr 1944.

Am 19. April desselben Jahres griffen polnische Aktivisten den UPA-Trupp, der sich in der Pfarrei des griechisch-katholischen Priesters Slywynskyj befand, mit Waffen an. Der Priester verriet die UPA-Leute und der Soldat Sytsch starb an den Folgen des Beschusses. Da der Kommandant der angegriffenen Abteilung mit dem Kampfnamen Nedobityj der ehemalige Polizeichef in Kuty war, kannte er die Namen der polnischen Aktivisten in der Stadt. Sie organisierten eine Vergeltungsoperation, bei der etwa fünfunddreißig Menschen getötet wurden, Polen, Armenier und Mitglieder gemischter ukrainisch-polnisch-armenischer Familien.

In den umliegenden Dörfern gab es Überfälle. Insbesondere der Pater der griechisch-katholischen Kirche Slywynskyj und seine Familie wurden im Dorf Tjudiw getötet; die Familie Drebot im Dorf Stari Kuty: ukrainischer Ehemann, polnische Ehefrau und ihr einziges Kind. Solche Fälle waren in der Region selten, und in Kuty selbst starben etwa fünfunddreißig Menschen. Viele Armenier wurden von Ukrainern versteckt, weil sie Nachbarn oder Verwandte waren, und die Ukrainer selbst litten darunter. Der Bezirkskommandant der UPA mit dem Kampfnamen Borys verurteilte die so groß angelegte Reaktion der Abteilung Kuty, aber Nedobytyj wurde nicht bestraft. Nach diesen Ereignissen zogen einige polnische und armenische Familien in das benachbarte Snjatyn.

Dies war jedoch nicht das Ende. Nach Angaben des Historikers griff im selben Monat „eine Bande in ungarischer Uniform Ukrainer, Zivilisten, in der Schewska-Straße an." Einunddreißig Menschen wurden getötet, darunter Frauen und Kinder.

„Wahrscheinlich war es die polnische Antwort. Denn es starben nur Ukrainer", sagt Omeljan Nimez.

1946 kamen Einwohner aus dem Sangebiet und dem Lemkenland, die aus ihrer historischen Heimat vertrieben worden waren, nach Kuty und Stari Kuty. Die sowjetischen Behörden entzogen der Siedlung den Status einer Stadt, und bis heute ist sie eine Siedlung städtischen Typs. Die Stadt entwickelt sich jedoch, im Zentrum wimmelt es von farbigen Firmenschildern von Geschäften, Apotheken und Restaurants. Schlecht asphaltierte Straßen zweigen ab in viele kleine Gassen, die manchmal mit großen glatten Steinen gepflastert sind, auf denen einst Juden, Ukrainer, Polen, Armenier und sogar Deutsche liefen.

Laut der Volkszählung von 1935 lebten hier 6.664 Menschen: 1.762 Ukrainer, 1.236 Polen, 3.168 Juden, 490 Armenier und 8 andere (wahrscheinlich Deutsche). Heute leben in Kuty mehr als 4.000 Menschen, von ihnen sind 98% Ukrainer.

Tanzen mit Sandalen aus Holz

„Ich erinnere mich, dass wir vor dem Krieg herumliefen, um Koljady - Weihnachtslieder - zu singen. Die armenische Bruderschaft", erinnert sich Tosia. „Nach dem Krieg sind sie nicht mehr herumgezogen. Aber so jung wir auch waren, obwohl wir arm waren, haben wir keinen einzigen Tanz ausgelassen. Das ist es, was ich in meiner Seele behalte. Es sah traurig aus - ich ging die ganze Woche in einer Bluse zur Arbeit, dann wusch und bügelte ich sie, weil ich tanzen ging. Aber was für eine Erinnerung. Gab es ein

Lieblingshemd? Ach, was für ein Lieblingshemd!", schimpft sie. „Es gab kein Lieblingshemd. Was da war, das trug ich."

Wir schauen durch die vergilbten Fotos mit Büttenrändern, die die alte Frau sorgfältig in einer Holzkiste aufbewahrt. Die unglaubliche armenische Schönheit der dunkelhaarigen Tosia fällt ins Auge. Fast überall im selben Kleid. Einem schönen, das als Lieblingskleid gut durchgehen könnte.

„Meine Freundin und ich haben uns aber Sandalen gemacht", erinnert sich Antonina. „Aus Sperrholz. Den Fuß aufgemalt, mit einer Feile ausgeschnitten. Sie fand ein Stück Leder auf dem Dachboden, wir schnitten es in Streifen, banden es um das Holz und machten uns Sandalen. Wir schafften es gerade so in die Stadt, auf dem Rückweg aber brachen sie entzwei."

Nach dem Krieg arbeitete Antonina bei der Zeitung als „Schriftsetzerin".

„Wir haben den Text von Hand gesetzt", erinnert sie sich. „Die Zeitung hieß *Der Sieg*. Ich weiß nicht mehr, warum ich die Redaktion verlassen habe. Ich blieb in der Nähe meiner Schwester."

Dann wurde sie in die Finanzabteilung versetzt und bekam später eine Arbeit in einem Schuhgeschäft. Dort arbeitete sie über zwanzig Jahre. Sie erhielt auch das Abzeichen „Exzellenz im sowjetischen Handel".

Mit achtzehn heiratete sie. Sie verliebte sich in einen sowjetischen Soldaten.

„Ein Armenier wollte mich, aber ich wollte ihn nicht", erzählt Antonina mit einem unkontrollierten Lächeln, das die kleinen Falten glättete und sie sofort jünger werden ließ. „Ich mochte Wiktor. Ursprünglich aus Kirow. Er war drei Jahre älter als ich. LKW-Fahrer. Er ist vor zwanzig Jahren gestorben. Er ist hier begraben, ebenso wie seine Mutter. Er war ein guter Mann. Dort im Raum hängt sein Foto. Wollt ihr es sehen?"

Was bleibt

„Tatsächlich haben nach dem Krieg alle begonnen, Kuty zu verlassen. Es sind nur noch ein paar Familien übriggeblieben. Ich blieb auch, weil ich eine Waise war. Ich blieb bei meiner Schwester.

Meine Freundin ging nicht, weil ihre Mutter es nicht wollte. Vielleicht wäre es besser gewesen, wenn sie gegangen wäre. Wer weiß es, die Walnussbäume? Ja, sie wuchsen in der Nähe eines jeden armenischen Hauses. Ach, ich hatte welche vom letzten Jahr, ich hätte sie euch angeboten, habe sie aber schon alle weggegeben. Früher lebten die Armenier hier von Walnüssen. Jetzt stehe ich selbst zwischen ihnen.“

Dank

Dieses Buch wurde mit der Teilnahme und Unterstützung vieler Menschen verwirklicht, denen ich aufrichtig danken möchte. Mein Dank geht an Taras Prokopyschyn, Chefredakteur des Online-Magazins *The Ukrainians*, der sich für die Idee des Reportagenzyklus *Unsere Anderen* interessierte und nach Möglichkeiten suchte, diese umzusetzen; Maria Paplauskaite, Redakteurin des Ressorts Reportagen von *The Ukrainians*, die verstand, wovon ich sprach, arbeitete sorgfältig mit den Texten und erlaubte mir, über den Stil trockener Medien hinauszugehen. Marta Barnytsch, meiner Kollegin und einer der Gewinnerinnen des Preises *Samowydez* für die beste literarische Reportage, wofür wir die ersten drei Texte der Reihe vorbereitet haben; dem Verlag *Tempora* und seiner Chefredakteurin Julija Olijnyk für die Unterstützung des Projekts in der Anfangsphase; Anastasija Lewkowa, weil sie immer die Tür ihres Hauses geöffnet hat, wenn ich müde von der Reise zurückkam; Anna Prozuk, Literaturredakteurin, die meine Worte genauer und klarer machte; Oksana Waskiw, die an der wunderbaren visuellen Umsetzung dieses Buches gearbeitet hat; Ostap Slywynskyj, der vom Anfang bis zum Ende des Projekts nicht die Unterstützung versagte, als ich bereit war aufzugeben; Jewhenija Nesterowytsch und Ganna Uljura für die emotionale Unterstützung.

Vielen Dank an Serhij Poleschaka, der fünf kurze Video-Geschichten zum Buch erstellt hat. Der Medienstiftung der US-Botschaft in der Ukraine – dank ihres Praktikumsprogramms konnte ich die Schweden in der Region Cherson besuchen; *Twoe Misto* und Otar Dowschenko, der meine Reportage über die Ungarn an der ukrainischen Grenze veröffentlicht hat; dem polnischen Reporter Witold Szabłowski, der mich während meiner Arbeit wiederholt beriet; Ostap Prozyk und Ihor Balynskyj, Mitbegründer des Verlags *Tschowen* (Arche);

Dem Ukrainischen Kulturfonds für die entscheidende Hilfe in einem schwierigen Moment, wo ich bereit war, mit dem Schreiben von *Unsere Anderen* aufzuhören.

Zuallererst aber danke ich meinen Helden und Heldinnen sowie den Menschen, die uns geholfen haben, sie zu finden: Antonina Torosiewicz, Marta Axentowicz-Bohosiewicz, Omeljan Nimez, Eva Gabel, Kateryna Bysaha, Magdalena Hudak, Mychailo Mychailovytsch, Wassyl und Janko aus Obawa, Jelysaweta Hontscharowa, Jasim Iskondarow und Herrn Zakaria, Olha Rudenko, Kristina Hordijenko, Sonja Tscherepowska, Roman Potapenko, Sofija Poliner, Wassyl Striltschuk, Andrij Kortschak, Nadija Pinjaschko und ihren Enkeln Taras und Roman, Kateryna Tovt, Olha Kulaksis, Anastasija Tscheban, Maria und Marjana Dimow, Iwan Kapsamun, Natalka Kursyk und Anna Tysnjantschyn, Wassyl Dobej, Gabriela Kisel, Bohdan Kyrlyk, Andrij Zybyk, Oleh Baturin, Mykola Kurywtschak, Maria Malmas, Roman Kabatschij, Maria Kwiatkowska und Czesław Karpiński, Anastasia Karpińska, Alina Kuriata, Josyp, Walentyna und Wolodja Mychaltschyn, Wassyl Tutunaru, Wassyl Byk, Olena Apetri, Oleksandra Usun, Olha Ljatschko, Asan Alijew, Herrn Schewket und Herrn Tajljat, Usein Tachun.

Dank an die Autoren, deren Werke meine Recherchen als Reporterin ergänzten: Gulnara Bekirowa für ihre Artikel „Die Farg‘ona-Tragödie“ und „Moskauer Aktionen der Krimtataren im Sommer 1987“, Jaroslav Vojtek für seinen Film *Hranica*, Nikolaj Iwanow für sein Buch „Die erste Nation wird bestraft. Die Polen in der Sowjetunion 1921–1939“, Andrij Kotljartschuk für sein Buch „In Stalins Schmiede. Schwedische Kolonisten der Ukraine in totalitären Experimenten des 20. Jahrhunderts“, Stepan Kruschko für seine Materialsammlung „Die Optanten“, Claudio Magris für sein Buch „Die Donau“.

Meiner Mutter Maria Bondarewska danke ich, dass sie alles ertragen hat.

Weiterführende Literatur

Zusammenstellung des Übersetzers

Vorwort von Ostap Slywynskyj

Zygmunt Bauman, Unbehagen in der Postmoderne. Hamburg 1999.

Äpfel aus dem vergessenen Garten (Hruschwyzja Perscha, Tschechen und Slowaken)

Stepan Kruško. Optanty. zbirnik statej, spohadiv, dokumentiv ta fotohrafij. Prjašiv 1997, Digitalisat: https://diasporiana.org.ua/wp-content/uploads/books/10892/file.pdf

Im Wettlauf mit dem Krieg (Wasjukiwka, türkische Mescheten)

Tom Trier (ed.), The Meskhetian Turcs at a crossroads: integration, repatriation or resettlement? LIT-Verlag, Berlin 2007 (Gesellschaftliche Transformationen; 10).

Die Insel Gammalsvenskby (Smijiwka, Schweden)

Alvin Isberg, Svensk Lutherdom i Österled. Uppsala 1982 (Acta Universitatis Upsalensis. Studia Historica-Ecclesiastica; 34)

Andrej Kotljarchuk, In the forge of Stalin: Swedish colonists of Ukraine in totalitarian experiments of the twentieth century. Stockholm 2014. (Acta universitatis Stockholmiensis). [russ. Moskau 2012]

Piotr Wawrzeniuk u.a. (eds.), The lost Swedish tribe: reapproaching the history of the Gammalsvenskby in Ukraine. Södertörn univ., Huddinge 2014.

Tag des Lehrers (Herza, Rumänen)

D. Draghicesco, Les Roumains d'Ukraine. Paris 1919.

Gazeta de Herţa: http://gazetadeherta.at.ua/ und https://gazetadeherta.wordpress.com/

In Czernowitz wurden mehrere Konferenzen zu den Beziehungen zwischen Ukrainern, Moldauern und Rumänen abgehalten, vgl. http://www.politicalscience.chnu.edu.ua/index.php?page=ua/03publications/001URM

Die Zertrennten (Mali Selmenzi, Ungarn)

Miklós Szalai, *A kettézárt falu* : dokumentumregény. Adolf Buitenhuis fényképeivel. Ister, Budapest, 2000. ; 2. kiad.: Ister, Budapest, 2001.

Olha Petriwna, die Baronin (Torezk, Roma)

Olena Bačyns'ka u.a, Roma Ukraïny: iz minuloho do majbutnje. Inst. Ukraïns'koï Archeohrafiï ta Džereloznavstva im. M. S. Hruševs'koho, Kyïv 2008.

Arno Tanner (ed.), The Forgotten Minorities of Eastern Europe: The history and today of selected groups in five countries. Helsinki 2004, S. 69 ff.

Wo ist Mama? (Brody, Juden)

Omer Bartov, Erased: vanishing traces of Galician Jews in present day Ukraine. Princeton University Press, Princeton, NJ u.a. 2007.

Jakov Chonigsman: Evrei goroda Brody (1584–1944). L'vov 2001.

Börries Kuzmany, Brody. Eine galizische Grenzstadt im langen 19. Jahrhundert. Böhlau, Wien 2011 = ukr. L'viv 2019.

Paul. R. Magocsi / Yohanan Petrovsky-Shtern, Jews and Ukrainians: a millennium of co-existence. Toronto 2016 = (ukr.) Ushhorod 2016.

Artikel Brody in der Jewish Encyclopedia (2. Auflage 2007) und Enzyklopädie des Holocausts (1998).

Jevrejs'ki adresy Ukraïny. Putivnyk. Duch i litera, Kyïv 2020.

Station L (Welykyj Beresnyj, Liptaken)

František Bardy, Spod Král'ovej hole. Povesti a historky Liptovskej Tepličky. Podtatranský kuriér, Poprad 2015.

Zuzana Beňušková u.a., Liptovská Teplička : od druhej polovice 20. storočí. Nitra: Univerzita Konštantína Filozofa, 2013, online https://www.academia.edu/28647946/Liptovsk%C3%A1_Tepli%C4%8Dka_od_druhej_polovice_20_storo%C4%8Dia_Zuzana_Be%C5%88u%C5%A1kov%C3%A1_a_kol

Ján Michálek u.a., Liptovská Teplička. Poprad-Košice 1973.

Slovaks of Ukraine. Who are they? https://ukrainer.net/slovaks-of-ukraine/

Weiße Sonne, schwarzer Wein (Wynohradiwka, Gagausen)

Marek Żyromski / Jerzy Hatłas, Power, administration, and ethnic minorities: the case study of Gagauzian autonomy. Faculty of Political Science and Journalism, Adam Mickiewicz Univ., Poznań 2008.

Horst Pfingsten / Anselm Roth, Gagausien. Hermannstadt-Bonn 2014.

The Gagauzes of Ukraine. Who are they? https://ukrainer.net/gagauzes/

Das Schicksal des Guldens (Pawschyno, Deutsche)

Claudio Magris, Donau. Biographie eines Flusses. Dtv, München 1991.

Rudolf Distler, Die vergessenen „Schönbornfranken" in der Region Mukatschewo / Ukraine. Zur Geschichte und Volkskultur der deutschsprachigen Minderheit. Diss. Bamberg 2002. (online PDF)

Nikolaus G. Kozauer, Die Karpaten-Ukraine zwischen den beiden Weltkriegen unter besonderer Berücksichtigung der deutschen Bevölkerung. Esslingen. Diss. New Brunswick 1979.

Günter Schödl (Hg.), Deutsche Geschichte im Osten Europas: Land an der Donau. Siedler, Berlin 1995. 2. Auflage 2002.

Musik auf Holzlöffeln (Obawa, Walachen)

D. Draghicesco, Les Roumains d'Ukraine. Paris 1919.

Vlachs of Ukraine. Who are they? https://ukrainer.net/vlachs-of-ukraine/

Das polnische Experiment (Dowbysch, Polen)

Mikołaj Iwanow, Pierwszy naród ukarany. Polacy w związku radzieckim 1921 - 1939. Warschau 1991.

Ders., Zapomniane ludobójstwo. Polacy w państwie Stalina. „Operacja polska" 1937–1938, Znak Horyzont, Kraków 2014.

Zuhause (Nowooleksijiwka, Krimtataren)

Gulnara Bekirowa / Iryna Dmytryvhyn / Maxime Deschanet / Marta Starinska, Un demi-siècle de resistance. Les tatars de Crimée de la deportation au retour, 1941–1991. Harmattan, Paris 2018. Zuvor ukr. Kyïv 2017.

Natalja Gumenyuk, Die verlorene Insel. Geschichten von der besetzten Krim. Stuttgart, ibidem, 2020.

Winfried Schneider-Deters, Die Annexion der Krim und der Krieg im Donbass. Berliner Wissenschaftsverlag, Berlin 2021, S. 321 ff.

Arno Tanner (ed.), The Forgotten Minorities of Eastern Europe: The history and today of selected groups in five countries. Helsinki 2004, S. 13 ff.

Einsamkeit unter Walnüssen (Kuty, Armenier)

Monika Agopsowicz, Kresowe Pokucie. Rzeczpospolita ormiańska. Łomianki 2014.

Leon Graczyk / Marta Axentowicz-Bohosiewicz (Red.), "Pamiętajcie o naszych zmarłych..." Kuty and Czeremoszem 2008. Kuty-Warszawa 2008 (vgl. die krit. Rez. in Lehahyer 2 (2013) 274–278).

Bálint Kovács / Grigor Mesropi Grigoryan (Hg.), Der Reisebericht des Minas Bžškeanć über die Armenier im östlichen Europa (1830). Wien usw. 2019. (Armenier im östlichen Europa - Armenians in Eastern Europe; 5).

Zbigniew Kościów, Wiadomość o Ormianach kuckich. Warschau 1989.

Zbigniew Manugiewicz, Jerzy Tustanowski, U podnóża Owidiusza: rozkwit i zagłada wspólnoty kuckiej nad Czeremoszem. Księgarnia Akademicka, Kraków 2017.

Omeljan Nimec', Kuty nad Čeremoš: storinky z istoriï mistečka. Kosiv 2011.

Casimir Roszko, Les Arméniens de Kuty, in: Revue des Études Arméniennes 1 (1964) 377–387.

Christian Weise, Spuren der armenischen Gemeinde in Lemberg: von der Ansiedlung der Armenier in der Ukraine bis zum Ende der armenischen Gemeinden in den Jahren 1940–1946 und ihrer Wiederbegründung im Jahre 1989, in: Günter Prinzing / Andrea Schmidt (Hg.), Das Lemberger Evangeliar: Eine wiederentdeckte armenische Bilderhandschrift des 12. Jahrhunderts. Reichert, Wiesbaden 1997, 143–169. (Lit.)

Armenisches Churut: https://geschmacksarchiv.de/objekte-bilder/milch-fuer-die-ewigkeit/

Zeitschrift „Awedis" der polnischen Armenier, online http://ormiane.pl

Omer Bartov, Erased: vanishing traces of Galician Jews in present day Ukraine. Princeton University Press, Princeton, NJ u.a. 2007.

Enzyklopädien mit Bezug zur Ukraine:

Encyclopedia of Ukraine. 5 Bände. Toronto 1987-1993, online ergänzt http://www.encyclopediaofukraine.com

Encyklopedija istoriï Ukraïny. 11 Bände. Naukova Dumka, Kyïv 2003–2020, online, http://resource.history.org.ua/cgi-bin/eiu/history.exe?C21COM=F&I21DBN=EIU&P21DBN=EIU/

Encyclopeadia Judaica. 22 Bände. Macmillan, Detroit u.a. 2. Auflage 2007.

Enzyklopädie des Holocaust. 3 Bände. Argon-Verlag, Berlin 1993. Piper München 2. Auflage 1998.

Holocaust Encyclopedia des United States Holocaust Memorial Museum in New York, online, https://encyclopedia.ushmm.org/en/a-z/article

The Encyclopedia of migration and minorities in Europe: from the 17th century to the present. Klaus J. Bade (ed.). Cambridge University Press, Cambridge 2011.

Ein ukrainisches Kochbuch mit vielfältigen Küchenrezepten ethnischer Minderheiten in der Ukraine steht bislang noch aus.

Themenhefte zur Ukraine publiziert in Abständen die Berliner wissenschaftliche Zeitschrift *Osteuropa*.

Reportagen über die Ukraine finden sich auf der Projektseite

http://ukrainer.net.

Ein neuer Reportagenzyklus „Lwiw. Mosaik", erarbeitet unter der Ägide von Olesya Yaremchuk von Studierenden der Journalistik-Abteilung der Ukrainischen Katholischen Universität, der sich der vielfältigen Herkunft heutiger Bewohner Lwiws widmet, findet sich auf der Seite von http://tvoe.misto.tv.

UKRAINIAN VOICES

Collected by Andreas Umland

1 *Mychailo Wynnyckyj*
Ukraine's Maidan, Russia's War
A Chronicle and Analysis of the Revolution of Dignity
With a foreword by Serhii Plokhy
ISBN 978-3-8382-1327-9

2 *Olexander Hryb*
Understanding Contemporary Ukrainian and Russian Nationalism
The Post-Soviet Cossack Revival and Ukraine's National Security
With a foreword by Vitali Vitaliev
ISBN 978-3-8382-1377-4

3 *Marko Bojcun*
Towards a Political Economy of Ukraine
Selected Essays 1990–2015
With a foreword by John-Paul Himka
ISBN 978-3-8382-1368-2

4 *Volodymyr Yermolenko (ed.)*
Ukraine in Histories and Stories
Essays by Ukrainian Intellectuals
With a preface by Peter Pomerantsev
ISBN 978-3-8382-1456-6

5 *Mykola Riabchuk*
At the Fence of Metternich's Garden
Essays on Europe, Ukraine, and Europeanization
ISBN 978-3-8382-1484-9

6 *Marta Dyczok*
Ukraine Calling
A Kaleidoscope from Hromadske Radio 2016–2019
With a foreword by Andriy Kulykov
ISBN 978-3-8382-1472-6

7 *Olexander Scherba*
Ukraine vs. Darkness
Undiplomatic Thoughts
With a foreword by Adrian Karatnycky
ISBN 978-3-8382-1501-3

8 *Olesya Yaremchuk*
Our Others
Stories of Ukrainian Diversity
With a foreword by Ostap Slyvynsky
Translated from the Ukrainian by Zenia Tompkins and Hanna Leliv
ISBN 978-3-8382-1475-7

9 *Nataliya Gumenyuk*
Die verlorene Insel
Geschichten von der besetzten Krim
Mit einem Vorwort von Alice Bota
Aus dem Ukrainischen übersetzt von Johann Zajaczkowski
ISBN 978-3-8382-1499-3

10 *Olena Stiazhkina*
Zero Point Ukraine
Four Essays on World War II
Translated from the Ukrainian by Svitlana Kulinska
ISBN 978-3-8382-1550-1

11 *Oleksii Sinchenko, Dmytro Stus, Leonid Finberg (compilers)*
Ukrainian Dissidents
An Anthology of Texts
ISBN 978-3-8382-1551-8

12 *John-Paul Himka*
Ukrainian Nationalists and the Holocaust
OUN and UPA's Participation in the Destruction of Ukrainian Jewry, 1941–1944
ISBN 978-3-8382-1548-8

13 *Andrey Demartino*
False Mirrors
The Weaponization of Social Media in Russia's Operation to Annex Crimea
With a foreword by Oleksiy Danilov
ISBN 978-3-8382-1533-4

14 *Svitlana Biedarieva (ed.)*
Contemporary Ukrainian and Baltic Art
Political and Social Perspectives, 1991–2021
ISBN 978-3-8382-1526-6

15 *Olesya Khromeychuk*
A Loss: The Story of a Dead Soldier Told by His Sister
With a foreword by Andrey Kurkov
ISBN 978-3-8382-1570-9

16 *Marieluise Beck (Hg.)*
Ukraine verstehen
Auf den Spuren von Terror und Gewalt
Mit einem Vorwort von Dmytro Kuleba
ISBN 978-3-8382-1653-9

17 *Stanislav Aseyev*
Der Helle Weg
Die Geschichte eines Konzentrationslagers
Aus dem Ukrainischen und Russischen übersetzt von
Martina Steis, Charis Haska und Christian Weise
ISBN 978-3-8382-1620-1

18 *Mykola Davydiuk*
Anmerkungen zur Kreml-Propaganda unter Wladimir Putin
Aus dem Ukrainischen übersetzt von Christian Weise
ISBN 978-3-8382-1628-7

19 *Olesya Yaremchuk*
Unsere Anderen
Geschichten ukrainischer Vielfalt
Aus dem Ukrainischen übersetzt von Christian Weise
ISBN 978-3-8382-1635-5

20 *Oleksandr Mykhed*
„Dein Blut wird die Kohle tränken!"
Über die Ost-Ukraine
Aus dem Ukrainischen übersetzt von Simon Muschick
und Dario Planert
ISBN 978-3-8382-1648-5

21 *Vakhtang Kipiani (Hg.)*
Der Zweite Weltkrieg in der Ukraine
Geschichte und Lebensgeschichten
Aus dem Ukrainischen übersetzt von Margarita Grinko
ISBN 978-3-8382-1622-5

ibidem.eu